무의식
연구의
새로운
지평

이 도서의 국립중앙도서관 출판예정도서목록(CIP)은 서지정보유통지원시스템 홈페이지
(http://seoji.nl.go.kr)와 국가자료공동목록시스템(http://www.nl.go.kr/kolisnet)에서 이용
하실 수 있습니다. (CIP제어번호 : CIP2015027108)

무의식 연구의
새로운 지평

최준식 지음

일상과 초일상을 아우르는 자아발견 프로젝트

한울
아카데미

이 책을 쓰게 된 경위에 대해

이 책은 어떻게 하면 우리가 자기 자신을 찾을 수 있을까에 대한 것이다. 나는 어려서부터 이 문제를 가지고 고심을 했다. 전공을 종교학으로 택한 것도 이 문제를 풀기 위한 것이었다. 그래서 그런지 몰라도 나는 여전히 이 문제를 세상에서 가장 중요한 것이라고 생각하고 있다. 내 생각에 인간이 이 지상에 태어나는 이유는 바로 이 문제를 해결하기 위함이다.

이 책은 나의 이 생각에 동의하는 사람들 가운데 도움이 필요한 사람들을 위한 것이다. 막연하게는 이러한 의문을 갖고 있지만 시원하게 답을 주는 데를 찾을 수 없는 사람들을 위한 것이다. 이런 사람들은 여러 종교의 문도 두드려보고 명상이나 요가를 배워보기도 하지만 이렇다 할 답을 얻지 못하는 경우가 많다. 바로 그런 이들에게 아주 작은 도움이라도 됐으면 하는 생각에 그동안 내가 공부하고 생각해왔던 것들을 정리해보았다. 사정이 그러하니 만일 이러한 문제에 관심이 없는 사람들은 이 책에 그다지 흥미를 느끼지 못할 것이다.

이 책을 구상하게 된 배경은 수년 전에 출간한『내 안의 아바타를 찾아서』(북성재, 2010)라는 책과 연관된다. 책을 써본 사람들은 잘 알겠지만 이전에 낸 책은 항상 불만족스러운 법이다. 출간한 지 한참 지나서 보니 그 책에서도 덜어낼 부분이나 보강할 부분이 꽤 보였다. 그래서 새 책을 쓴다는 생각으로 그 구성과 내용을 새롭게 만들어 다시 써보았다. 마침 고맙게도 그 원고를 책으로 출간하겠다는 출판사가 나왔다. 그래서 나온 게 이 책의 앞 권에 해당하는『무의식에서 나를 찾다』(시공사, 2015)이다.

지난 몇 달 동안 나는『무의식에서 나를 찾다』의 원고를 한창 쓰고 있었는데, 그러는 중에 그 원고에는 포함될 수 없는 새로운 생각들이 많이 났다. 게다가 내 나름대로는 꽤 획기적인 발견도 하게 되었다. 그래서 이 획기적이라는 생각을 중심으로 책을 하나 더 써야겠다는 생각이 들어 이 책을 쓴 것이다. 새로운 생각을 이전의 책에 포함시키는 것보다 아예 새로운 책을 쓰는 게 낫다고 생각한 것이다.

사실『무의식에서 나를 찾다』에서는 최면에 집중했기 때문에 많은 부분을 최면을 설명하는 데에 할애했다. 무의식을 만나는 방법으로 최면을 적극 활용하자고 한 것이다. 이에 비해 이번 책에서는 무의식 자체에 더 중점을 두어 그것을 표상화하기 위해 노력했다. 이번 책에서 나는 무의식이 얼마나 장대한가를 그림으로 그렸는데, 이것은 내 나름대로는 인간의 무의식에 관해 획기적인 발상이라고 생각한다. 그러나 다른 연구자들이 이 생각에 동의할지는 모르겠다(인간의 무의식에 관심 있는 이들이 거의 없으니 동의고 뭐고 없을 것이다).

이 책에서 제시하는 무의식에 대한 그림이 어떤 점에서 획기적이라는 것일까? 지금까지 연구자들이 인간의 무의식에 관해 그린 그림들을 보면 무의식의 영역을 지나치게 작게 생각했다. 예를 들어 프로이트 등의 학설을 기반으로 학자들이 우리의 의식을 그린 그림을 보면 우리의 전체의식을 빙산에 비유하는 경우가 많다. 이를테면 각성의식은 빙산의 물 위에 떠 있는 부분에 비유하고, 무의식은 물 아래에 잠긴 부분으로 비유했다. 이 그림에서는 무의식이 각성의식의 8~9배 정도만 큰 것으로 나타나는데, 이 비유에는 문제가 있다. 내가 보기에 무의식의 영역은 그 용량을 알 수 없을 정도로 광활하기 때문이다.

미국 최고의 지성인이자 저명한 심리학자였던 윌리엄 제임스는 이것과는 좀 다른 그림을 그렸다. 그는 우리의 전체의식을 섬에 비유했다. 그는 이 그림에서 바다 위에 있는 섬은 각성의식에 해당하고 바다 밑에 있는 거대한 부분은 무의식에 해당한다고 보았다. 이 섬의 비유에서는 무의식이 빙산의 비유와는 비교도 안 되게 커졌다. 그 점에서 이 비유는 빙산의 비유보다는 훨씬 발전된 것이라고 생각한다. 그런데 내가 보기에 이 비유도 그리 정확한 것은 아니다. 이 비유가 틀린 것은 아니지만 좀 더 가다듬을 필요가 있다. 그래서 나는 본론에서 인간의 무의식에 대해 지금까지 없었던 비유 그림을 제시했다. 이번 책에서는 이 주장이 가장 새로울 것이다. 이런 이야기를 하다 보니 또 한 권의 책이 나올 수 있었던 것이다.

물론 이 책은 무의식에 대해서만 다룬 것은 아니다. 본론 1부에서는 무의식보다는 일상적인 각성상태에서 어떻게 우리가 정체성을 갖고 살 수 있는지에 대해 다루었다. 이 주제는 앞 권(『무의식에서 나를 찾다』)에서 다룬 주제와 맥을 같이한다. 우리는 항상 미온적으로 불행한 상태에 있는데 그것은 내가 내 자리에 있지 않기 때문이다. 이번 생에 갖고 태어난 자기만의 정체성이 있는데 그것을 찾지 못했기 때문에 자신도 모르게 자신에게 불만을 갖게 된다. 무엇인가 채워지지 않은 느낌, 막연하게 부족한 느낌 등등이 항상 우리의 마음속에 있는 것을 느끼게 된다. 이 부분에서는 이런 상태를 어떻게 극복할 수 있는가에 대해 살펴보았다.

이런 구상을 하면서 어떻게 쓰면 좋을까 생각해보았다. 특히 여러 학자들의 설이 다시 생각났다. '피아제'니 '콜버그'니 '윌버'니 하는 수많은 대★학자들의 이름이 생각났고 그들의 학설이 떠올랐다. 그래서 그들의 설을 총정리하면 좋겠다는 생각을 했다가 수일간의 고심 끝에 그렇게 하지 않기로 했다. 이렇게 결정한 가장 큰 이유는 이전 책의 내용을 반복하고 싶지 않기 때문이다. 그리고 그 학자들을 인용하다 보면 내가 설명할 때 그들의 이론에 맞추어야 하기 때문에 그 틀에 갇히겠다는 느낌도 강하게 들었다. 내가 나이가 좀 들었다고 시건방진 태도를 취하는 건지 몰라도 이제는 다른 학자들의 설을 인용하면서 짜 맞추는 게 싫어졌다. 그것보다는 그 학자들의 설을 내 머릿속에 넣고 그 머리통을 돌려 내가 쓰고 싶은 대로 자유롭게 쓰는 게 좋겠다는 생각이 들었다. 좀 더 자신의 내부에 침잠해 그 안에 있는 것이 튀어나오는 것을 기다려 그것을 쓰는 것이 낫겠다는 생각이 든 것이다.

이렇게 쓰는 것은 이 책의 취지하고도 맞는다. 이 책은 누구나 자기만의 고유한 정체성을 갖고 있고 가야 하는 길이 있으니 그 길을 같이 찾자고 제의하고 있다. 그러니 나도 모범을 보여 다른 학자들에게 의존하는 것을 탈피해서 내 고유의 방식으로 길을 찾는 것이 온당하지 않겠는가? 이 공부를 시작하고 약 40년 동안 노상 남의 이야기만 했으니 이제는 내 이야기를 해야 되지 않겠는가 하는 생각이다. 그러나 말은 이렇게 하지만 여전히 남의 말만 하다 끝나지 않을까 하는 노파심이 든다. 솔직하게 말하면 이번에도 남의 이야기만 하다가 끝날 확률이 높다. 그러나 이처럼 스스로 홀로 서려는 시도 자체가 의미가 있지 않을까 하는 생각이다. 독자들 역시 자기만의 길이 가장 훌륭하다는 것을 깨닫고 그 길을 가기를 바라기 때문이다.

차 례

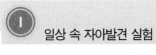

인간에게 가장 중요한 일을 찾아서

이 책은 어떻게 서술되어 있는가?

일언이폐지하고 우리에게 자아 혹은 자신을 찾는 것보다 더 중요한 일이 있을까? 아무리 돈을 많이 벌고 권세가 하늘을 찌른다 해도 그것을 누리는 주인공이 내가 아니고 다른 이라면 아무 의미 없는 것 아니겠는가? 그런데 우리가 보통 나라고 생각하는 '나'는 내가 아니다. 내가 아니라면 무엇이라는 말인가? 그것은 나라고 하기보다 단지 외부 사회로부터 주입된 생각으로 만들어진 이미지에 지나지 않는다. 한갓 허상일 뿐이라는 것이다.

아니, 나는 멀쩡히 나로서 잘 살고 있는데 이 '나'가 '헛것'이라니 이게 무슨 말이냐고 할지 모르겠다. 이에 대한 자세한 내용은 본문에서 논의하도록 하고 여기서는 일단 지나치자. 논의가 어떻든 이 주장을 받아들인다면 우리는 그 허상을 가지고 평생을 살다 속절없이 가는 것이다. 그렇게 사니 한평생을 살고 갈 때 모든 것이 꿈같기만 하다. 내가 없었으니 살았던 것이 전혀 실감이 나지 않는 것이다. 100년 가까이 살았건만 다 헛된 것처럼 느껴진다.

이와 관련해 여러 일화가 생각나는데, 우선 떠오르는 사람은 임진왜란을 일으킨 도요토미 히데요시이다. 그는 이 쓸데없는 전쟁을 일으켜서 우리 조선 사람들을 수없이 죽였을 뿐만 아니라 수많은 문화 유적을 파괴했다. 또 화들짝 놀란 명明의 군대가 이 땅에 와서 많이 죽었다. 그런가 하면 일본군은 성했겠는가? 그들도 숱하게 죽었다. 이 한 사람 때문에 동북아시아는 겪지 않아도 될 전란으로 쑥대밭이 되었다. 이런 일을 해놓고 그는 죽을 때 '(오사카에서 살았던 게) 다 꿈속의 꿈'이라고 했다고 알려져 있다. 그 많은 사람을 죽게 해놓고 저는 저의 일생이 꿈이라고 했으니 도대체 이치가 제정신인가 하는 생각이 들지만, 여기서 말하고 싶은 것은 그것이 아니다. 이런 문제아들도 자기 자신이 아니라 허상으로서의 자신으로 살았기 때문에 그렇게 격동적으로 살았건만 결국은 자기의 인생이 다 꿈처럼 보일 것이라는 것을 말하기 위함이다.

도요토미의 예는 정치가의 경우이지만 종교인들도 그 행태는 다르지 않다. 어떤 수피(이슬람교의 신비주의자)가 있었다. 그는 나이가 일흔네 살이었는데도 자신은 네 살밖에 되지 않았다고 항변했다. 자신은 각고의 수행 끝에 4년 전에 알라를 만나 새로운 존재로 태어났기 때문에 네 살이라는 것이다. 그 이전에 아무리 오랜 세월을 살았다고 해도 알라를 만나지 않았다면 그건 아무런 의미가 없는 시간이라는 것이다. 여기서 이 신비주의자가 알라를 만났다는 것은 신과 하나가 되는 체험을 했다는 것을 뜻한다. 불교식으로 하면 참된 나를 찾는 대오각성 체험을 한 것이라고 할 수 있을 것이다. 이 궁극적인 체험을 하기 전에는 삶에서 별 의미를 찾을 수 없는 것이다. 하기야 그렇지 않은가? 아침에 일어나 보면 간밤에 꾸었던 꿈들이라는 게 하나의 공상처럼 금세 망각 속에 잊혀가면서 아무 의미도 없게 되지 않던가. 그러니 그런 체험 없이 아무리 오랜 세월을 산들 그것은 꿈같은 망상일 뿐이라는 것이다.

이 같은 종교 체험을 하기 전에는 모든 체험이나 시간이 아무리 강하고 길더라도 의미가 없다. 생생하게 살아 있는 것이 아니라 칙칙하고 덧없기 짝이 없다. 아무리 즐거운 일이 있어도 잠시뿐이고 곧 지루함과 허무감이 엄습한다. 그러나 이런 궁극의 종교 체험을 하고 나면 순간순간이 생생하게 살아 있게 된다. 사실 이 경지는 겪어보지 않은 사람에게는 설명하기가 아주 힘들다. 일상의 경험과 너무나 다르기 때문이다. 굳이 비유를 들자면, 일상의 세계가 색의 세계라면 궁극적인 종교 체험을 하고 난 뒤의 세계는 빛의 세계라고나 할까? 그 선명함에서 색의 세계는 빛의 세계에 비교가 되지 않는다. 비유가 어떻든 종교 체험을 한 입장에서 보면 이 체험이 있은 연후에야 우리 삶은 의미가 있게 된다.

세상에는 이처럼 중요한 체험인 진정한 자신을 찾는 데에 관심이 없는 사람이 많다. 아니, 대부분의 사람이 관심을 갖지 않는다. 이들은 대부분 "나는 돈 벌어 좋은 집에 살고 좋은 차 타고 다니면서 맛있는 것 먹고 쇼핑하며 내 나름대로 즐겁게 살고 싶을 뿐이지 자아발견이니 자아실현 같은 것은 관심 없다"고 말할 것이다. 그들이 관심 있는 것은 온통 몸 혹은 외양이다. 자기 몸의 안녕을 위해서만 살 뿐이다. 그들에게 자신은 이 몸뿐이다.

그런데 이렇게 생각하는 것이 얼마나 어리석은가는 한 번만 생각해보아도 알 수 있다. 비유를 들어 설명해보자. 인간을 성城에 비교해보면, 성벽은 인간의 겉가죽에 해당할 것이고 성벽 안에 있는 집들은 몸 안의 여러 장기쯤이 되겠다. 이 성에서 가장 중요한 존재는 성주인데 그를 사람에 비유하면 (정신적인) 자아쯤에 해당한다고 할 수 있겠다. 이 성에서 우리가 가장 관심을 많이 가져야 할 존재는 바로 이 성주이다. 성주가 성에서 물질적으로나 정신적으로 훌륭하게 살 수 있게끔 모든 조건이 이루어져야 한다. 다른 모든 것들은 부차적인 것이고 오로지 성주만이 1차적으로 중요하다는 것이다.

그런데 보통 우리는 어떻게 하고 있는가? 성주에 대한 관심보다는 온통 성벽에만 관심을 갖지 않는가? 성벽이란 우리의 외양이다. 우리는 이 외양을 어떻게 꾸밀지에 대해서만 관심을 갖는다. 즉 무엇을 먹을지, 어떤 옷을 입을지, 어떻게 화장할지 등등 남에게 보이는 것에만 관심을 둔다. 관심이 온통 바깥으로만 향해 있는 것이다. 다시 말해 물질에만 신경을 쓰는 것이다. 성주가 어떤 생각을 하는지, 성주는 어떻게 살아야 행복한지 등등에는 별 관심이 없다.

좀 더 구체적으로 말하면, 성주가 사는 집은 낡고 허물어져 그 안에 사는 성주가 전혀 편안하지 않다. 우리가 신경을 쓰지 않아 집이 형편없이 퇴락한 것이다. 사정이 그런데도 우리는 성벽과 성의 문들을 치장하는 데에만 골몰한다. 치장하는 것도 보통의 도를 넘어 화려의 극을 치닫는다. 그리고 옆에 있는 다른 성과는 이 성벽에 치장한 것만 가지고 비교한다. 성벽이나 문의 치장이 누가 더 근사한지에 대해서만 이야기하는 것이다. 만일 이런 일이 실제로 벌어진다면 누구든지 이를 어리석기 짝이 없다고 할 것이다. 성의 주인인 성주가 어디에서 무엇을 하는지는 관심이 없고 성의 외양에 대해서만 관심을 두니 말이다. 그런데 이것은 다른 세계의 이야기가 아니고 바로 우리에게 현재 벌어지는 상황이다.

이러한 추세는 지금 전 지구적으로 만연하고 있다. 아니, 사실대로 말하면 인류는 지금까지 이렇게 살지 않은 적이 없다. 전 역사를 통하여 인류는 정신보다는 물질에 치중하여 살았다. 그런데 현대에 들어와 물질의 발전이 더욱 기승을 부리게 되었다. 인류의 전 역사에서 지금처럼 물질이 발달한 적이 없었다. 그래서 현대의 인류가 과거의 인류보다 더 물질적인 것처럼 보인다.

문제는 이 점과 관련해서 한국인이 전 세계의 인류 가운데 가장 심각한 상황에 있는 것으로 보인다는 것이다. 내 눈에는 한국인이 세계에서 가장 물질적으로 보인다. 이런 말을 들으면 의아해할 한국인들이 적지 않을 것이다. 우리 한국인은 이전부터 대단히 영적인 사람들이라는 말을 많이 들었는데 왜 한국인이 물질적이라고 하느냐고 반문할지 모른다. 한국은 세계에서 유례가 없는 기독교 성공국가이고, 인구의 1/4이나 되는 사람이 교회에 다닌다는데, 한국인처럼 종교적인 사람들이 또 어디에 있다고 속물적이라고 하느냐는 의문이 들 수 있을 것이다.

그런데 그 많은 한국의 기독교인들이 교회에 가서 하는 일이 무엇인가? 오로지 돈과 성공 같은 세속적인 것을 위해 비는 것이다. 이 점에 관해서는 어느 누구도 부정하지 못할 것이다. 과연 한국의 기독교 신자 가운데 신을 만나기 위해 몸부림치고 이웃 사랑을 실천하기 위해 환장을 한 사람이 몇이나 되는가? 내 주위에도 기독교인들이 많지만 그런 기독교인은 만나본 적이 없다. 한국의 기독교인들은 거의 대부분이, 내 배우자나 내 아이의 출

17
인간에게 가장 중요한 일을 찾아서

세나 건강만을 위해 기도할 뿐이다. 이 정황을 알기 위해서는 멀리 갈 것도 없이 그들이 세운 교회만 봐도 된다. 그들이 세운 교회 건물들은 미적 감각은 접어두더라도 규모 면에서는 세계적이다. 그런 교회들을 열거하자면 지면이 부족하다. 교회 안에서 어떤 신앙을 갖느냐가 중요한 것이 아니라 교회를 크게 짓고 신도를 늘리는 데에만 관심이 있다. 속이 비었으니 온통 관심은 외양에만 쏠리는 것이다. 이 점은 불교도 마찬가지인데, 한국 종교의 퇴락상에 대해서는 다른 지면에서 이미 많이 언급했기 때문에 예서 그치자.

한국인들의 속된 물질주의 신봉을 알게 해주는 좋은 예가 또 있다. 그것은 다름 아닌 한국인들이 성형에 갖는 과도한 관심이다. 주지하다시피 한국은 전 세계에서 성형수술이 가장 발달한 나라이다. 성형수술이 이렇게 성행하는 나라는 전 세계에 다시는 없을 것이다. 이에 대해서는 누구나 동의할 것이기에 자세한 설명이나 사례가 더 필요하진 않을 것 같다. 한국인들은 이처럼 자신의 외모가 남에게 어떻게 보이느냐 하는 것에만 관심이 있지 자신이 어떤 생각을 하고 다른 사람들은 어떤 마음으로 사는지에 대해서는 별로 관심이 없다. 앞에서 든 비유대로 하면 성벽에만 관심이 있는 것이다. 물론 성벽, 즉 외양에 신경을 쓰는 그 자체가 문제가 되는 것은 아니다. 문제는 한국인이 내면에 대해서는 아무 관심 없이 외양에만 신경을 쓴다는 것이다.

이보다 더 적나라한 예도 있다. 한국인들이 생각하는 중산층의 조건이 그것이다. 한국인들은 물질적인 것이 일정 수준 갖추어지면 중산층이라고 여긴다. 즉, 집(주로 아파트)은 몇 평 이상이어야 하고 차는 몇 cc 이상이어야 하며 월급은 어느 정도 이상이 되어야 중산층에 들어간다고 생각한다. 여기에 정신적인 요소는 하나도 없다. 예컨대 자신이나 사회에 대해 어떤 마음가짐을 가져야 하는지, 자신의 교양을 높이기 위해 무엇을 해야 하는지 등등에 대한 성찰이 전혀 없는 것이다. 사정이 이러한데 이런 사람들에게 자아를 찾자고 제의하면 이건 실로 연목구어緣木求魚, 즉 나무에 올라가서 물고기를 구하는 것이나 다름없는 일일 것이다.

진정한 행복은 진정한 자아를 찾아야!

사실 한국인들이 이처럼 물질적인 데에 충실한 것도 그 나름대로의 행복을 찾기 위한 시도라 할 수 있다. 그런데 이같이 물질적인 충족에서 행복을 구하는 것은 단연코 실패로 끝난다. 영속하는 진짜 행복은 진정한 자아를 찾아야만 가능하기 때문이다. 인간은 자기 자신의 자리에 있지 않으면 절대로 행복할 수 없다. 자기 자신의 자리란 자신의 진정한 자아, 즉 진아眞我의 자리를 말한다. 이 자리에 있어야 인간은 진정한 행복을 찾을 수 있다는 것이다. 물론 일상을 살면서 겪는 소소한 행복도 많이 있다. 원하는 학교에 합격한다거나 꼭 들어가고 싶은 회사에 들어갔을 때처럼 꽤 기쁜 때도 있다. 또 아주 맛있는 음식을 먹을 때나 좋은 친구와 같이 있을 때에도 꽤 행복하다. 그런데 이런 것은 궁극적인 행복을 주지는 못한다. 이때 느끼는 행복은 일시적이고 제한적이기 때문에 곧 사라지기 십상이고 반대의 상태인 불행으로 쉽게 바뀔 수 있다. 그리고 이 조건이 충족되지 않아도 행복할 수 있다는 의미에서 이것들은 인간이 행복해지는 데에 절대적인 조건이 되지 않는다.

그러나 진정한 자아를 발견하는 것은 완전히 다른 문제이다. 자아를 발견하지 못하면 절대로 행복할 수 없다는 의미에서 이것은 절대적인 조건이라 할 수 있다. 자아를 발견하지 못하면 인간은 자신이 의식하지 못하더라도 끊임없이 막연한 불안 속에 있게 된다. 의식적으로 확연하게 알 수 있는 것은 아니지만 하루하루 사는 것이 톱니바퀴가 제대로 물리지 않은 채 돌아가는 것처럼 느껴지고 가끔씩 막연한 허무감에 젖기도 한다. 이때 느끼는 불안Anxiety은 공포Fear와는 다르다. 공포는 무서워하는 대상이 있는 반면 불안에는 꼭 그런 대상이 있는 것이 아니다. 아주 무서운 대상이 확실히 존재할 때 우리는 공포를 느끼지 불안해하지는 않는다. 군대에서 무서운 고참이 있으면 큰 공포를 느끼지 불안해하지는 않는 것과 같다. 그러나 미래에 내가 어떻게 될 것인가와 같은 확정된 대상이 없을 때 우리는 불안감을 갖게 된다.

우리가 우리 존재에 대해 갖는 불안을 조금 유식한 말로 하면 실존적 불안Existential Anxiety이라고 할 수 있다. 실존적이라는 것은 보편적이라는 뜻도 되는데 인간이면 누구나 이런 식의 불안을 갖는다는 의미에서 그렇다는 것이다. 이것은 교육 수준이나 남녀노소, 그리고 가지고 못 가진 것 같은 외적인 조건과는 상관없다. 인간이면 누구나 자기 자리에 있지 않으면 불안감을 느낀다. 정신적으로 예민한 사람은 이런 불안을 감지하고 그것을 풀려고 노력하지만 그렇지 않은 사람은 잘 모르는 채 일생을 보낸다. 대부분의 사람들은 이 불안감을 확실하게 느끼지 않는다. 그러나 의식적으로는 몰라도 무의식적으로는 그 불안을 안다. 이것은 교육 수준과도 관계없다. 박사학위까지 받은 지식인이라고 해서 이 불안을 더 잘 느끼는 것도 아니고, 학교는 문 앞에도 못 가본 사람이라고 해서 이 불안을 잘 느끼지 못하는 것도 아니다. 이 불안에 대한 인식은 개인이 갖고 있는 선천적인 섬세함과 관계되는 것이지 외적인 조건과는 그다지 관계가 없다.

여기서 우리가 주의해야 할 것이 있다. 이 불안과 병리적 불안을 구분해야 한다는 것이다. 병리적Pathological 불안은 말 그대로 병적인 것이다. 이 불안은 그 병의 원인이 사라지면 없어진다. 예를 들어 어렸을 때 정신적인 상처를 입어 강박증에 걸린 사람이 있다고 하자. 이런 사람들이 갖는 증상은 대단히 다양하다. 예를 들어 10분마다 손을 씻는 것과 같은 증상은 대표적인 것이다. 이런 사람들은 지속적인 불안에 시달리는데 이것은 치유가 가능하다. 어렸을 때 입은 상처를 상담과 약으로 다스리면 지나치게 불안과 강박에 시달리는 것에서 벗어날 수 있다.

그러나 실존적 불안은 다르다. 조금 거창하게 이야기하면 실존적 불안은 당사자가 깨치기 전까지는 없어지지 않는다. 그러니 이 불안은 한 생애에 없앨 수도 없다. 이 불안을 극복하는 데에는 몇 생이 걸릴지 모르는 지난하고 지루한 여정이 있다. 사람들이 이런 데에 관심이 없는 것은 이 때문일 수 있다. 도대체 끝이 보이지 않는 이 길을 누가 가려고 하겠는가? 게다가 즐거운 길이면 쾌히 떠날 텐데 이 길은 즐거운 것과는 거리가 멀다. 끊임없는 자아성찰을 해야 하기에 속이 얼마나 시린지 모른다.

아무리 힘들어도 우리는 이 길을 가야!

그런데 우리는 이 길을 가야 한다. 왜일까? 그 이유를 알려면 우리의 인생 여정을 살펴보아야 한다. 조금 더 학술적인 용어로 한다면 인격발달사를 보아야 한다. 말할 것도 없이 우리는 어린 시절을 거쳐 성인이 된다. 그런데 어른이 된 다음에 어린 시절을 생각하면 어떨까? 어릴 때 우리는 비교적 순수한* 면이 있지만 당시에 하던 일을 이제 생각하면 유치하기 짝이 없다. 어릴 때 우리는 아무것도 아닌 것을 가지고 싸움을 벌이고 별것 아닌 일에 울곤 했다. 딱지놀이 하다가 조금이라도 따면 기분이 하늘을 날 것 같다가도 내기에 져서 딱지를 잃으면 풀이 죽어 울곤 하지 않았던가?

그런가 하면 하는 짓도 미숙하기 짝이 없었다. 특히 무엇인가 잘못되면 모든 것을 남의 책임으로 돌렸다. 어린아이들은 자신을 돌아보고 반성하는 일을 하지 못한다. 심지어 자기가 잘못해서 넘어져도 땅이 잘못해서 넘어졌다고 땅을 나무란다. 그것은 어쩔 수 없다. 그래서 어리다고 하는 것이다. 어린아이들은 다른 사람의 입장에 서서 이해하는 일을 하지 못한다. 철저하게 자기만 알 뿐이다. 지금 생각해보면 당시에 내가 참으로 어렸구나 하는 생각을 하게 된다. 똥오줌 못 가린다는 것이 그것이다.

---

* 여기서 표현을 '비교적 순수하다'고 한 건 어린아이는 어른에 비해서 순수하다고 할 수 있기 때문이다. 어린아이의 순수함은 상대적인 것이지 결코 절대적인 것이 아니다. 어린아이들은 성장을 하면서 모두 그 순수함을 잃기 때문이다. 반면 절대적인 순수함을 가진 사람은 어떤 상황에서도, 또 어떤 연령대에서도 그 순수함을 잃지 않는다.

그러다 사춘기를 지나 성숙해가면서 서서히 유치한 데에서 벗어나기 시작한다. 자기 자신을 돌아볼 줄 알고 다른 사람의 처지를 생각할 줄 알게 되는 것이다. 이런 성향이 보이기 시작한다는 것은 우리가 어른이 된다는 것을 말한다. 물론 사람에 따라 이런 어른스러움이 일찍 나타나기도 하지만 대체로 사춘기를 겪은 다음에야 어른이 될 수 있다. 사춘기 때 생식 능력이 생기는 것은 육체적으로도 어른이 되었다는 것을 의미한다. 원래 정신과 육체는 그렇게 같이 가기 마련이다.

그렇게 어른이 되고 보면 내가 유아였을 때 하던 짓이 한심하기 짝이 없게 보인다. 그래서 우리는 유아일 때로 돌아가지 않으려고 한다. 그때가 순진해서 좋은 것처럼 보여도 또 부모가 모든 것을 다 알아서 해주어 편한 것처럼 보여도 그때로 돌아가고 싶은 생각은 결코 나지 않을 것이다. 어른이 되고 나면 자신의 일은 모두 자신이 알아서 해야 되고 모든 일에 대해 자신이 책임을 져야 하는 노고와 귀찮음이 있지만 아무리 그래도 어린아이로 돌아가려고 하는 사람은 없다.

그 이유는 간단하다. 그만큼 성숙해졌기 때문이다. 사춘기가 지나고 어른이 되어 이렇게 자신을 되돌아본다는 것은 아직은 미약한 수준이지만 자신을 찾으려는 시도가 시작되었다는 것을 의미한다. 어릴 때에는 개체의식 혹은 개인의식이 미약하기* 때문에 자신을 찾겠다는 생각조차 하지

---

* 더 정확하게 말하면 인간은 인생을 개체의식(혹은 자기의식)이 없는 데에서 시작한다. 아기일 때 우리는 자신이 존재한다는 것을 모른다. 그러다 두 살 전후로 갑자기 개체의식이 생긴다. 그러나 이때 우리는 현실과 허구(꿈이나 이야기)를 구분하지 못하는 등 개체의식이 매우 미약하다고 할 수 있다. 이성이 확립된 진정한 의미에서의 개체의식

않는다. 자아의식이 없는데 무슨 자아발견을 시도할 수 있겠는가? 당시에는 '나는 누구인가'와 같은 기초적이지만 대단히 철학적인 질문을 할 수 있는 능력이 전혀 없다. 그래서 어리다고 하는 것이다.

이 자아의식은 사춘기가 지나야 확고해지기 시작한다. 그만큼 성숙해지는 것인데 그와 함께 심각한 문제가 생기기 시작한다. 인간은 자아의식이 생기고 확고해지면서 앞에서 말한 끊임없는 불안에 시달리기 때문이다. 이전에는 자아의식이 미약하기 때문에 겪게 되는 불안의 정도도 그에 비례해 그리 크지 않았다. 따라서 유아일 때에 우리는 자신에게 '내가 누구이고 나는 무엇을 해야 하는지 혹은 어떻게 살아야 하는지' 등등과 같은 주제에 대해 전혀 의문을 갖지 않았다. 그렇지 않은가? 초등학교 2학년짜리가 인생의 궁극적인 의미나 인간의 고통에 대해 묻는 일이 아예 없지는 않을지라도 그것은 이렇게 어린 친구들한테는 어울리지 않는 질문이다.

그러나 사춘기 이후가 되면 이런 의문들이 서서히 일어나기 시작한다. 물론 이 의문을 갖는 정도가 사람마다 다를 수밖에 없지만 누구나 이런 의문을 갖는 것은 동일하다 하겠다. 물질에만 빠져 속물처럼 보이는 사람들도 무의식적으로는 이런 의문을 갖는다. 어떻게 그것을 알 수 있을까? 물질만 추구하는 것처럼 보이는 그들 역시 인생에서 말할 수 없는 허무감이나 속절없음을 아주 가끔은 느낄 수 있기 때문이다. 그런 의문을 지속적으로, 또 깊은 차원에서 갖지 않는 것뿐이지 그 의문을 갖는 것은 그들도 마찬가지이다. 우리는 모두 같은 인간이기 때문이다.

은 아무래도 사춘기 이후에 생겨난다고 볼 수 있겠다.

이처럼 끊임없이 나를 찾는 것은 앞서 말한 대로 자신이 아직 자기 자리를 찾지 못했다는 것을 의미한다. 비유로 말하면 주인이 자기 집 안방에 있지 않고 밖에서 헤매고 있는 것이라 하겠다. 그래서 대부분 우리는 살면서 무엇을 해도 이게 아닌 것 같다는 느낌을 강하게 갖게 되고 큰 기쁨도 느끼지 못한다. 이렇게 사는 것이 아니라는 것은 알겠지만 그렇다고 다른 대안도 없으니 그냥 지금 그대로 사는 것이다. 그렇게 사니 인생에서 큰 기쁨을 느낄 수 없는 것이다. 다시 말해 '아! 이거다! 이게 바로 내 인생이다'라고 외치는 환희의 순간이 없는 것이다. 그 대신 우리의 인생에는 언제 불행으로 바뀔지 모르는 소소한 기쁨만 있을 뿐이다.

예를 들어보자. 우리 일반인들에게는 올림픽에서 금메달을 따는 일이 대단한 일로 보일 것이다. 이것은 당연한 일이다. 적어도 한 분야에서는 세계의 1등으로 인정받는 것이기 때문이다. 그래서 우리는 금메달을 딴 선수들이 엄청난 기쁨을 누릴 것으로 생각한다. 그런데 정작 그것을 딴 본인들은 그 체험을 그다지 높이 평가하지 않는다. 예를 들어 밴쿠버 동계 올림픽에서 금메달을 딴 김연아 선수가 금메달을 딴 뒤에 실토하기를 '1등이 확정되었을 때만 잠깐 기쁘고 그다음은 잘 모르겠다'고 하는 것이 그것이다. 아무리 강한 체험을 해도 자신이 제자리에 없으니 그다지 '임팩트'가 없는 것이다. 지나고 나면 다 그게 그거다.*

---

* 이 비슷한 예는 박찬호 선수에게서도 발견된다. 박 선수는 미국 메이저 리그에서 동양 선수로는 최다승(124승)을 거둔 야구선수로 이름이 높다. 일본의 이치로 선수를 능가한 것이다. 124승을 달성한 날 그는 저녁에 눈물을 쏟았는데 그 이유는 감격해서 그런 것이 아니라 자신의 후배들이 자신의 기록을 깰 날이 곧 올 것 같아 회한의 정이

25
인간에게 가장 중요한 일을 찾아서

그런 극적인 것 말고 일반적인 예를 들어보자. 많은 사람들은 결혼을 해서 자식이 태어나면 그 자식 바라보는 맛에 산다고 한다. 그러나 이것 역시 매우 흔들리는 즐거움일 뿐이다. 이 즐거움 역시 언제 불행으로 바뀔지 모르기 때문이다. 그렇지 않은가? 우리는 그놈의 자식 때문에 일생 동안 얼마나 울고 웃는가? 또 경우에 따라서는 서로 싸워 의가 상하기도 한다. 부모 자식 간에 싸우기도 하고 자식 간에도 싸워 집안이 성하지 못하다. 많은 집안이 이러한 예에서 벗어나지 못한다.

우리가 이렇게 부초처럼 살고 있는 이유는 근원적인 것이 풀리지 않았기 때문이다. 근원적인 것이란 말할 것도 없이 자기 자신과 만나는 것이다. 자기가 누구인지 아는 것이다. 비유해서 말하면 집 밖으로 쏘다니는 것을 그만두고 내 집으로 돌아와 내 자리인 안방 가운데에 앉아야 한다는 것이다. 내 자리를 놓아두고 밖으로 돌아다니면 아무리 멋있는 곳을 다닌들 결코 영속적으로 행복할 수는 없는 것이다.

우리는 자아정체감Self-identity이 정립되지 않은 유치한 어린 시절을 뒤로하고 어른이 되면 자아의식이 강해지고 그 자아가 대충 어떤 정체감을 갖고 있는지 알게 되지만 그 아는 정도가 미진하기 짝이 없다. '나는 어떤 사람인지'부터 시작해서 '대체 나는 (어떤 일정한 상황에서) 왜 그렇게 행동하는 건지'와 같은 질문이 끊이지 않아 결국에는 '나도 나를 잘 모르겠다'는 자포자기 같은 결론에 다다르게 되는 경우가 많다. 그러다 보니 이런 궁극

솟구쳤기 때문이었다고 한다.

적인 질문들과는 멀어지는 게 자연스러운 일이 된다. 게다가 바쁜 일상에 몰두하면서 이런 질문들은 더더욱 설 자리가 없게 된다.

혹자는 '나는 보통 사람들과는 달리 자아정체감이 확고하다' 할는지 모르겠다. 그런데 이 자아정체감이라는 것이 그리 쉽게 찾을 수 있는 것이 아니다. 단도직입적으로 말하면 깨닫기 전에는 자아정체감을 확실하게 가질 수 없다. 간혹 예술가나 문인, 혹은 연예인 가운데 자신이 꽤나 확고한 인생관을 가진 것처럼 이야기하는 사람들이 있다. 자신은 자존감이 강하다는 것이다. 그러나 그들도 어떤 쉽지 않은 경계에 부딪치면 그런 자존감이나 가치관이 한순간에 무너져버리는 경우를 당할 수 있다. 그리고 그들이 말하는 정체감도 대부분 외부에서 만들어져 흘러들어 온 것으로 자기가 직접 만든 것이 아니다. 이 문제는 나중에 본론에서 말하니 그때 가서 상론하기로 하자.

이 책은 어떻게 서술되어 있는가?
일상과 초일상을 아우르기

이 책은 크게 보았을 때 두 부분으로 되어 있다. 일상과 초超일상이 그것이다. 앞부분에서는 우리가 일상을 살면서 어떻게 자아를 찾아갈 수 있는지에 대해 볼 것이다. 우리의 자아 찾기 작업은 멀리에서 시작하는 것이 아니다. 자아를 찾겠다고 굳이 산간에 있는 절에 들어가고 멀리 떨어져 있는 수도원으로 갈 필요는 없다. 그런 곳에는 상태가 아주 절박한 사람들이나 가는 것이다. 자아를 찾거나 신을 찾는 일이 화급해진 사람들이 다른 일 다

인간에게 가장 중요한 일을 찾아서

제쳐두고 이 일만 할 수 있는 곳으로 가는 것이다. 이런 사람들은 다른 어떤 일도 손에 들어오지 않는다. 오로지 이 일만을 해야 한다. 절이나 수도원은 이런 사람들을 위해 있는 것이다.

그런데 우리 대부분은 그렇게 절박하지 않다. 그러니 일상생활을 멀쩡하게 잘하다 갑자기 산속으로 갈 필요성을 느끼지 않는다. 그리고 일상을 떠나서 자아를 찾는다는 것도 문제가 될 때가 많다. 이런 시도를 하는 것은 자만일 때가 많기 때문이다. 예를 들어 깨달아보겠다고 절에 들어가 중이 되는 것은 많은 경우 오만이나 오해일 수 있다(아니면 생각 없이 하는 경우도 적지 않을 것이다). 일상 속에서도 많은 것을 할 수 있는데 그것을 다 마다하고 출가했기 때문이다. 어떤 사람이 일상을 버리고 출가를 단행할 때 그 사람의 심리 상태를 보면 자신을 특수한 존재로 생각하는 경우가 많다. 나는 하느님의 부름을 받았다느니 혹은 나는 깨칠 수 있다느니 하는 정확하지도 않을 뿐만 아니라 어떻게 보면 대단히 오만한 생각 끝에 출가나 성직의 길을 가는 것이다. 그러나 우리 주위에 그렇게 특수한 사람은 없다. 우리는 다 그만그만한 일반인이다. 우리는 평범한 보통 사람이기에 가능한 한 일상을 살면서 이런 종교적인 추구를 하는 게 낫다. 성직자가 되어 신도들 위에 군림하면 본인의 영적인 성장에 막대한 손해를 끼칠 수 있기 때문이다. 나는 그런 성직자나 수도자를 수도 없이 보아서 더더욱 그런 성직의 길을 가는 것은 대단히 조심해야 된다고 생각한다.

이처럼 이 책의 앞부분인 '일상'에서는 우리의 의식에서 생기는 문제를 다룬다면 뒷부분에서는 무의식(혹은 초의식)과 연관된 문제를 다룬다. 우리가 가는 여정의 맨 끝은 의식의 가장 근본 자리인 무의식이 될 터인데 이 무의식은 초의식이라고 불러도 무방하다. 자세한 것은 본문에서 보겠지만 무의식의 세계는 어마어마하게 방대하다. 보통 우리는 이 사실을 체감하기 힘든데, 무의식의 세계를 가장 적나라하게 알 수 있게 해주는 일반적인 통로가 있다면 그것은 꿈이나 신화이다. 우선 꿈은 한마디로 말해 우리의 무의식이 만드는 세계이다. 그 안에는 평소에는 한 번도 생각하지 않았던 엄청난 상징이나 이야기가 있다. 신화도 크게 다르지 않다. 우리의 단군 신화나 바리데기 공주 신화만 보아도 동물이나 영혼이 인간들과 뒤섞여 이야기를 만들어내고 있다. 이런 이야기들이 나오는 근본은 모두 우리의 무의식이다.

그런데 이 무의식은 적절한 준비가 되지 않은 사람에게는 접근하기 쉽지 않은 대상이다. 무의식을 제대로 이해하기 위해서는 공부가 많이 필요하다. 예를 들어 꿈을 해석하는 일은 많은 공부와 임상 실습이 되지 않으면 하기 힘든 작업이다. 따라서 이 공부를 시작할 때 꿈처럼 우리의 무의식을 나타내는 것부터 알아보려 하는 것은 대단히 힘든 일이다. 내가 일상 혹은 의식에서부터 설명을 이끌어내는 것은 그런 이유에서이다. 천천히 눈에 보이는 것부터 시작하자는 것이다.

이 작업을 땅속을 탐구하는 작업에 비유해보자. 우리가 땅속 끝까지 가려는 계획을 세웠다고 하자. 그럴 때 할 수 있는 가장 좋은 방법은, 그 깊이를 알 수 없고 어디로 어떻게 뻗쳐 있는지 모르는 긴 굴을 따라 끝이 없는 여정을 떠나는 것일 것이다. 이런 일은 범상한 우리에게는 대단히 벅찬 작업인데 그런 길고 먼 여행을 떠나기 전에 꼭 할 일이 있다. 땅속으로 들어가기 전에 땅 위의 것들을 정리하고 가는 것이다. 땅 위부터 정리한 다음에 땅

속으로 들어가는 것이 마땅한 순서가 아니냐는 것이다. 땅 위가 정리되어 있지 않으면 땅속으로 들어갈 수도 없다. 땅속으로 들어갈 수 있는 적절한 장비들은 땅 위에 있을 터이니 그것들을 잘 정리하고 배치해야 할 것이다.

그런 까닭에 땅 위, 즉 의식 세계를 우선적으로 정리해야 하는데, 이 작업도 결코 쉬운 일이 아니다. 속단일지 모르지만 우리 대부분은 무의식은 커녕 의식 차원에서 벌어지는 일에 대해서도 뭐가 뭔지 모르고 인생을 마감하는 경우가 많다. 의식 차원에서 벌어지는 일은 잘 알 것 같지만 그렇지 못한다는 것이다. 이 문제는 본론에서 상세하게 다룰 것이다.

이 책의 구성 1: 의식
일상의 문제는? 관습적인 사고를 타파하는 문제

의식의 분야에서 주로 다룰 것은 '관습 타파'에 대한 것이다. 일상의 영역에서 우리가 우리 자신이 되려 할 때에 가장 많이 방해를 하는 것은 바로 관습이다. 관습은 나에게 끊임없이 사회의 기준에 맞추어 살라고 강요한다. 사회를 통제하는 데에는 구성원들이 주어진 규율에 순응하는 것이 좋기 때문에 사회는 우리에게 관습에 맞추어 살라고 부추긴다. 따라서 이 사회는 우리가 우리 자신의 주체적인 생각을 못 하게끔 가시적인 방법은 물론 보이지 않는 여러 가지 방법으로 억압을 행사하고 있다.

그런데 이것보다 더 문제인 것은 많은 개인들이 이 관습에서 벗어나려고 하기는커녕 외려 그것을 내면화시켜 자신이 행동하는 데 규준으로 삼는다는 것이다. 그래서 그들은 그저 사회가 시키는 대로 살고 그렇게 사는 것이 행복한 삶이라고 생각한다. 우리 사회에는 이런 사람들이 대종을 이루며 살고 있다.

그런데 이보다 정도가 더 심한 사람이 있다. 객관적으로 보기에 그 자신은 뻔히 사회가 시키는 대로 살고 있는데도 정작 본인은 자신이 주견을 견고히 갖고 살고 있다고 생각하는 사람들 말이다. 따라서 그들은 자신에게서 어떤 문제점도 느끼지 못한다. 사회의 규범이 그에게 너무나도 잘 내면화되어 있어 스스로도 알아차리지 못하는 것이다. 남이 만든 감옥에 갇혀 있으면 자신이 갇혀 있다는 사실을 알지만 자신이 만든 감옥에 갇혀 있어 자신도 모르는 것이다. 인간의 1차적인 해방은 이러한 사회적 관습으로부터의 해방이라 할 수 있다.

인간의 1차적인 문제에 대해 이렇게 설명은 쉽게 할 수 있지만 이 문제를 푸는 것부터가 녹록지 않다. 왜 녹록지 않은지는 다음과 같은 근본적인 질문을 던져보면 금세 알 수 있다. 앞에서 나는 인간은 사회의 관습에서 벗어나 자신만의 주견을 찾아야 한다고 했는데, 우선 이 두 가지를 구분하는 일이 가능한지 따져보아야 한다. 질문의 내용은 간단하지만 보다 나은 이해를 위해 다시 한 번 정리해보자. 어차피 우리의 생각이란 부모를 위시해 사회의 제 요소들에 의해 형성된 것인데, 어디까지가 사회의 것이고 어디까지가 내 것인지 구분할 수 있겠느냐는 것이다.

아니, 한 걸음 더 나아가 이른바 '내 생각', 즉 자신만의 고유한 생각이라는 것이 있을 수 있느냐는 가장 근본적인 질문도 던질 수 있다. 그렇지 않겠는가? 우리는 발달과정에서 부모나 주위에 있는 사람들의 생각과 태도를 모방하면서 성장해왔다. 그런 모방이 없다면 사람은 원천적으로 성장할 수 없다. 그렇게 성장한 까닭에 우리의 생각은 그 선대의 것으로 구성되어 있다. 사정이 그러하니 그런 과정을 거쳐 나의 생각이 된 다른 사람의 생각을 하나하나 다 제거하면 과연 무엇이 남을 수 있을까 하는 근본적인 질문을 피할 길이 없다.

이렇게 간단하게만 보아도 이 첫 번째 과제부터 쉽지 않다는 것을 알 수 있다. 이것은 우리 여정의 시작일 뿐인데 여기서부터 벌써 난제가 숨어 있는 것이다. 우리의 여정에서 생겨나는 이런 문제들은 모두가 서로 연관되어 있어 어느 하나도 소홀히 할 수 없다. 이렇게 모든 문제들이 서로 연결되어 있기에 어떤 한 문제를 완전하게는 풀 수 없게 된다. 그러나 만일 어느 한 문제가 어느 정도라도 풀리면 다른 문제도 같이 풀리는 형세가 되지 않을까 하는 전망을 가져본다. 흡사 선불교에서 화두가 하나 풀리면 모든 화두가 풀리듯이 말이다.

우리는 일상생활을 하면서 외적인 권위에 맹목적으로 복종하고 더 나아가서 그 권위를 내재화해 그것이 자신의 목소리인 양 살고 있다. 그래서 거의 대부분의 우리는 대단히 비주체적인 삶을 살고 있다. 여기에는 예외가 없다. 많이 배웠다는 사람도 그렇고 학교 근처에 가보지 않은 사람도 그렇다. 지위가 높거나 돈이 많은 사람도 그렇고 길거리에서 부유하는 노숙자도 그렇다. 남녀노소가 따로 없다. 생각하는 내용만 다를 뿐 그 내용이 모두 밖에서 들어왔다는 점은 똑같다. 사람마다 생각하는 것은 다 다르지만 그 생각이 모두 다른 사람의 생각으로 구성되어 있어 거기에 '나'는 없다. 한마디로 우리는 주체적인 삶을 살고 있지 않은 것이다.

이런 말을 하면 '나는 내 정신 줄을 놓지 않고 잘 살고 있는데 도대체 당신은 무슨 근거로 내가 비주체적으로 살고 있다고 하느냐'면서 힐문하는 사람이 꽤 있을 것이다. 그런 사람들을 위해서 본문에서 그 근거에 대해 충분히 설명을 할 것이다. 이전에 쓴 책(『무의식에서 나를 찾다』)에서는 같은 것을 설명하기 위해 심리학자들이 행한 실험도 많이 소개했다. 그 실험을 통해 보면 우리는 정말로 비주체적으로 살고 있고, 그 결과 불행한 삶을 살고 있다는 것을 알 수 있다. 비주체적이라 함은 자신이 주인이 되어 살고 있지 않다는 것을 의미하는데 이렇게 살면 외적인 조건이 아무리 훌륭해도 그 사람은 행복할 수 없다. 그 사람이 재벌 3세이든 대통령이든 그런 외적인 조건에 관계없이 비주체적인 삶을 사는 사람은 절대로 행복할 수 없다.

예컨대 어떤 여성이 재벌 집안에 시집갔다고 하자. 그래서 돈은 원 없이 쓸 수 있게 되었는데 그 집안에 제약이 많아 주체적으로 살 수 없게 되었다면 그 삶은 잘못된 삶이라 할 수 있다. 주위에 명품들은 넘쳐나는데 그의 마음은 하나도 즐겁지 않을 수 있다는 것이다. 돈이 별로 없을 때에는 돈만 있으면 행복할 줄 알았는데 실제로 돈이 많아져 보니 그 기대는 멀리 가고 자신이 전혀 행복하지 않다는 사실만을 확인할 뿐이다. 반대로 어떤 사람이 아무리 미천하고 돈이 없어도 주체적이고 자존감이 있는 삶을 살고 있다면 그 사람은 충분히 행복할 수 있다. 그런 면에서 행복은 돈과 지위와 전혀 관계가 없는 것은 아니지만 그것에 의존하지는 않는다고 할 수 있다. 행복은 외적인 조건이 아니라 전적으로 내적인 조건에 따라 좌지우지되기 때문이다.

이번 삶을 살면서 우리는 자신의 주체성을 찾기 위해 총력을 기울여야 한다. 그 일 외에 어떤 학교를 가고 무슨 직장에 다니고 누구를 만나 결혼하고 자식을 어떻게 키우고 하는 등등은 모두 부차적인 것이다. 이 책의 앞부분은 바로 이 문제를 다룰 것이다. 어떻게 하면 남이나 사회에 휘둘리지 않는 삶을 살 수 있는가에 대해서 논의를 하겠다는 것이다. 이번 생에 성공적인 삶을 살려면 우리는 우선 이 부분에서 성공해야 한다. 이에 비해 볼 때 방금 전에 본 삶의 다른 부분은 그다지 중요하지 않다고 해도 결코 틀리지 않는다. 그런 것들은 모두 외적인 것들이다. 외적인 것들은 아무리 훌륭해도 내적인 면이 충족되지 않으면 아무 의미가 없다.

그런데 다시 말하지만 이렇게 자신이 스스로 외부에 의해 휘둘리지 않게 하는 작업은 결코 쉽지 않다. 이 일은 좋은 교육을 받아야만 성공할 수 있는데 우리는 그런 양질의 교육을 받은 적이 없다. 우리의 부모들도 이런 교육을 제대로 받은 적이 없으니 우리도 그들로부터 좋은 교육을 기대할 수 없다. 따라서 지금까지 제대로 교육을 받지 못한 우리는 이미 많이 왜곡되어 있다. 왜곡되어도 대단히 많이 왜곡되어 있다. 더 큰 문제는 본인들이 그 사실을 잘 모른다는 것이다. 모르니 무엇이 문제인지 모르고 다른 것에만 신경을 쓴다. 이를테면 남의 다리만 긁고 있는 것인데, 상황이 이러하니 이 문제를 해결할 방법이 없다. 문제의 해결이란 문제가 무엇인지 알 때에만 가능한 것인데, 이 경우에는 문제가 무엇인지 모르니 해결이 요원하다는 것이다.

이런 맥락에서 우리 인간이 짓는 죄에 대해 알아보기로 하자. 사람들에게 '알고 짓는 죄와 모르고 짓는 죄 중에 어떤 것이 더 나쁘다고 생각하느냐'고 물으면 백이면 백 다 '알고 짓는 죄가 더 나쁘다'고들 대답한다. 알고 짓는 죄는 의도적으로 죄를 저지르는 것이니 더 나쁘다고 생각하는 것이다. 이 점은 충분히 이해가 된다.

그러나 다른 시각에서 보면 '모르고 짓는 죄'가 더 심각하다고 할 수 있다. 어떤 면에서 그럴까? 알면서 죄를 지은 사람은 자신이 죄를 저질렀다는 것을 알고 있기 때문에 언젠가는 참회할 수 있다. 그래서 그는 그 죄에서 벗어날 수 있다. 반면 자신이 죄를 저질렀는지 모르고 죄를 저지른 사람은 자신의 무지無知 때문에 참회할 수 있는 기회가 원천적으로 없다. 이런 사람은 영원히 그 죄에서 벗어날 수 없다. 그렇게 되면 이 사람은 그 죄가 가져오는 과보를 영원히 받아야 한다. 이것은 본인에게 치명적으로 좋지 않은 것이다.

지금 우리가 처한 상황이 바로 이러하다. 본인들은 자신이 보이지 않는 창살로 만들어진 감옥에 갇혀 있는데 창살이 보이지 않아 자신이 감옥에 갇혀 있다는 것을 모르고 있는 것이 현실이다. 우리가 이 감옥에서 나오는 방법은 우선적으로 우리가 감옥에 갇혀 있다는 사실을 인지하는 것이다. 물론 그 사실을 알았다고 해도 감옥에서 빠져 나오는 일은 단연코 쉽지 않지만, 사정이 어떻든 현재의 상황을 정확하게 파악하는 일이 제일 중요하다고 할 수 있다. 말은 이렇게 하지만 이 길은 실로 어려운 길이다. 이 길로 간 사람이 별로 없기 때문이다. 워낙 어려운 길이라 사람들이 가기를 꺼려하는 것이다. 그래서 사람들은 이 일에 관해서 속수무책으로 아무 일도 하지 않고 있는 것일 게다.

그렇다고 해서 아무것도 하지 않고 있을 수는 없는 일이다. 어떤 일을 하려고 할 때 늦은 때는 없다. 게다가 이 일은 아무리 늦었다 하더라도 그런 것에 관계없이 무조건 시작해야 한다. 그만큼 중요하기 때문이다. 우리는 언제든 현재 우리가 처해 있는 문제를 똑바로 바라볼 필요가 있다. 그 문제를 이번 생에는 풀지 못한다 할지라도 문제가 무엇인지에 대해서 확실하게 파악하고 있어야 한다. 이유는 간단하다. 방금 전에 말한 대로 문제를 확실히 알고 있으면 언젠가는 그 문제를 풀 수 있지만 문제를 모르고 있으면 그 문제는 영영 풀리지 않기 때문이다.

이 책의 구성 2: 무의식
무의식으로 들어가면 …

이렇게 해서 일상이나 표층 의식 부분에 대한 치열한(?) 분석이 끝나면, 따로 떼어서 생각할 수 없는 것이기는 하지만 우리는 서서히 초일상, 즉 무의식의 세계로 침잠해야 한다. 그 이유는 간단하다. 우리의 의식은 무의식에 뿌리박고 있기 때문이다. 본문에서 훨씬 더 자세하게 설명하겠지만 우리 인간은 표층적으로는 다 개개인으로 존재하는 것처럼 보인다. 너와 내가 따로따로 존재하는 것처럼 보이는 것이다. 그러나 우리 의식의 심층으로 들어가면 들어갈수록 개아성個我性, Individuality이 약해진다. 그러다 가장 밑바닥*에 도착(?)하면 '나' 혹은 '개아성'은 사라진다는 것이 도가사상이나 인도사

---

* 여기서 밑바닥이라는 단어를 장소적인 개념으로 쓴 것은 아니다. 따라서 그다음에 나오는 '도착'한다는 표현도 적합하지 않다. 그러나 이해를 돕기 위해 부득이하게 밑바닥이라고 표현했다. 밑바닥은 아무리 밑에 있다 하더라도 그 밑의 공간이 또 있다. 그에 비해 우리 무의식의 심연은 그 이상의 밑이 없다. 그곳(?)에서는 모든 것이 하나가 되기 때문이다.

상이 주장하는 바이다. 인간은 이 상태가 되었을 때 진화의 완성을 이룬다. 따라서 우리의 최종 목표는 우리 의식의 심층까지 내려가는 것이다.

이런 상황을 많은 사람들은 섬에 비유했다. 섬은 바깥에서 보기에는 모두 독자적으로 존재하는 것 같지만 그 밑동은 다 연결되어 있는데 우리의 의식도 그와 같다는 것이다. 인간도 일상적으로 볼 때에는 개별적으로 존재하는 것 같지만 무의식의 심연에서는 연결되어 있다는 것이다. 이렇게 모든 것이 연결되어 있으니 우리는, 더 나아가서 생명 모두는 하나라고 할 수 있다. 최종으로 남는 이 하나를 묘사하는 단어는 많이 있다. 예를 들어 일심—心이나 원기元氣 혹은 일기—氣 등의 용어가 있는가 하면 브라만, 알라, 신 등도 다 이 최종의 궁극적인 실재를 표현한다고 할 수 있다. 그런데 내 개인적인 견해로는 이렇게 전통 종교에서 쓰는 용어보다 '우주의식Cosmic Consciousness'이라는 현대적인 용어가 현대의 독자들이 이해하기에는 편할 것 같다. 이 의식은 궁극적이므로 우주에는 이 의식만 존재한다고 할 수 있다.* 세상의 다른 모든 것은 이 우주의식의 그림자일 뿐이다. 사실 이 우주에 이 우주의식만 존재한다는 것은 거개의 동양 종교가 궁극적으로 주장하는 바이다.

만일 이러한 시각에 동의한다면 인간이 궁극적으로 추구해야 하는 것은 '개개 의식의 우주의식으로의 회귀'라 할 수 있다. 불교나 도가에서 주장하는 바에 따르면 우리가 소지하고 있는 개개 의식은 모두 허구이다. 이것은 허공에 핀 꽃(공화空花)처럼 실제로 존재하는 것이 아니다. 실체는 없지만

---

* 이것이 불교의 유력한 교파인 유식학唯識學이 주장하는 바이다.

존재하는 것처럼 느껴질 뿐이다. 앞에서 본 일상의 단계에서는 '우리는 비주체적인 삶을 벗어나 주체적인 삶을 살아야 한다'고 했지만 이 단계에 오면 이런 말들이 다 무색해진다. 이 우주의식 빼고 모든 것이 다 허구이기에 세상에 있는 어떤 것이든 의미를 가질 수 없다. 그러나 그렇게 세상의 모든 것이 단순히 허구라고 하는 것도 그다지 바람직하지는 않다. 이에 대한 설명은 꽤 복잡하기 때문에 본론에서 천천히 보도록 하자.

이 길을 가는 것은 아마도 인간이 할 수 있는 일 가운데 가장 힘든 일일 것이다. 무의식 세계로 들어가는 것은 전혀 모르는 미지의 세계로 들어가는 것이기 때문에 그렇다. 이때 미지의 세계라 하는 것은 지상에서 우리가 잘 모르는 미지의 나라로 가는 것과는 차원이 다르다. 지상에서는 어디를 가든 하늘이나 나무 같은 객관적인 자연 세계가 있지만 이 무의식의 세계는 주관적인 의식이 만들어내는 지극히 다양한 상징 등으로 가득 차 있어 지상의 세계와는 비교할 수 없는 완전히 다른 세계이다. 그 가장 전형적인 예가 꿈인데, 우리는 이미 이 꿈속에서 엄청난 세계를 경험하고 있지 않은가? 평소에 한 번도 생각하지 않았던 광경이나 등장인물이 도깨비처럼 꿈속에서 나오고 있지 않은가? 그런가 하면 우리가 꿈을 꿀 때 악몽 때문에 잠을 깨기도 한다. 이 같은 예에서 알 수 있는 것처럼 이 무의식 세계는 의식 세계의 기준으로 알 수 없는 미지의 세계라 전혀 생각하지 못한 위험한 일이 일어날 수 있다.

이 세계에 대해서는 어떤 말을 사용하든 표현하기 힘들다. 그리고 어떤 말을 해봐야 이해시키기도 쉽지 않다. 많은 사람들이 죽음 뒤의 세계에 대해서 관심이 없는 채로 이생에만 집착하면서 살고 있듯이, 그만큼 많은 사람들이 자신에게는 의식 세계만 존재한다고 생각해 무의식 세계에 대해서는 관심조차 갖지 않는다. 이러한 상황은 충분히 이해된다. 이 무의식의 세계는 워낙 일상적인 세계와 달라 상식이 통하지 않기 때문이다. 그래서 우리는 이 세계로 가기 위해 여러 기제들의 도움을 받아야 한다. 예를 들어 정신분석학이나 분석심리학 등 우리의 무의식에 관해 전문적으로 연구해놓은 분야들의 연구는 우리에게 큰 도움이 된다. 특히 이 학문들이 꿈에 대해 내린 해석은 우리에게 엄청난 도움을 줄 것이다.

물론 불교 같은 동양 종교에서 우리 마음에 대해 설(說)해놓은 것도 잊어서는 안 된다. 인간의 마음, 특히 가장 깊은 (무)의식에 대한 설명은 세계 종교 가운데 불교가 단연 앞섰다. 나중에 밝혀지겠지만 서양의 심층심리학과 불교심리학은 같이 인간의 무의식을 다루었으되 그 다루는 부분이나 방법이 다르다. 그래서 이 두 분야에서 말하는 것을 종합하면 인간의 무의식에 대해 아주 근사한 그림이 나올 수 있다. 그런가 하면 우리가 직접 우리의 무의식을 체험할 수 있는 방법도 있다. 최면이 그것이다. 최면의 원리를 숙지하면 무의식에 대한 이해가 한층 상승할 것이다. 앞으로 우리는 이런 기제들을 총동원해 우리의 무의식 속을 항해해갈 것이다.

이렇게 우리의 의식을 양파 껍질 까듯이 하나하나 까면서 나간다면,*

---

* 노파심에서 말하건대, 어떤 사람들은 이렇게 양파를 하나씩 까나가듯이 우리의 의식을 한 층씩 젖히면서 더 깊은 곳으로 들어가면 가장 안에 있는 진아를 만난다고 주장하지만 이는 사실이 아니다. 우리의 표층 의식과 무의식(혹은 초의식)은 둘이 아니기 때문이다. 엄밀히 말하면 문제 많은 표층 의식이 바로 무의식이다. 이런 시각에서 볼

39
인간에게 가장 중요한 일을 찾아서

혹은 다른 표현으로 깊은 바다 속을 들어가듯이 서서히 우리 의식의 밑으로 내려가면 생각하지 못한 새로운 것을 발견하게 될 것이다. 우리의 무의식 세계는 워낙 낯선 곳이라 거기에는 무엇이 어떻게 있는지 모른다. 의식 세계에서 있을 때에는 본인이 자신의 무의식을 안다고 생각하기 쉽지만 무의식의 세계는 의식 세계와는 여간 떨어져 있는 것이 아니다. 이것은 꿈만 생각해보아도 쉽게 알 수 있다. 앞에서도 언급한 것처럼 꿈을 보면 거기에는 자신이 평소에 전혀 생각하지 못했던 요소들이 많이 나온다. 한 번도 가지 못했던 장소가 나오는가 하면 한 번도 보지 못한 이상한 인물이나 존재가 나온다. 이것들은 모두 자신이 만들어낸 것이라는 것을 잊어서는 안 된다. 자신이 꾼 꿈이니 여기에 나오는 것이 모두 자신의 작품인 것은 당연하다. 그런데 이것들은 내가 각성의식 상태에 있을 때에는 한 번도 생각하지 못했던 것들이다. 이것들은 하도 낯설어 남이 만들어낸 꿈이라고 해도 틀리지 않을 것 같은 생각이 든다. 무의식 세계란 이런 것이다.

의식을 낮의 세계라 한다면 무의식은 밤의 세계라 할 수 있다. 그런데 이 비유는 잘못된 면이 있다. 그 이유는, 하루의 낮과 밤의 길이는 대부분 비슷하지만 의식과 무의식은 그 분량이 비교가 안 되기 때문이다. 그러나 무의식의 세계가 아무리 깊고 방대하다 하더라도 우리는 이제 일단 낮의 세계부터 탐구하기 시작할 것이다. 그렇게 낮의 세계를 훑은 다음 천천히 밤의 세계로 진입해 심연의 바닷속으로 들어갈 것이다. 그 끝을 모르는 세계로 여행을 떠나보자.

때 대승불교에서 '번뇌가 보리'라고 말하는 것은 정확한 표현이라고 할 수 있다.

I.

일상 속
자아발견 실험

1

역할과 자기 자신을 혼동하지 말자!

인생을 영화 보듯이

일상을 살면서 자아를 찾기 위해 가장 먼저 해야 할 일은 사회가 주입한 모든 것에서 벗어나는 것이라 했다. 벗어나라고 해서 사회가 주입한 것을 모두 버리라는 것은 결코 아니다. 그렇게 할 수도 없지만 그럴 필요도 없다. 단지 사회가 내 안에 넣은 것들을 파악하고 있으면 된다(그렇지만 이 일이 쉽다는 것은 결코 아니다). 사회에 의해 내 안에 들어와 있는 것들과 거리를 두고 객관적으로 바라보기만 하면 되는 것이다. 그래야 남들 하는 대로 휩쓸려 줏대 없이 경거망동하는 것을 피할 수 있다. 유행에 휩쓸리는 것은 자신을 관조하지 못하는 사람들이 하는 일이다. 자신을 객관적으로 보지 못하니까 남들이 하는 대로만 따라가는 것이다.

예를 들어보자. 병자호란 때 있었던 일로 전해진다. 아직 전란이 일어나기 전, 사대부 부인들 사이에 토론이 벌어졌단다. 혹시 청나라 오랑캐 군대가 우리 마을에 쳐들어오면 어떻게 하겠냐고 서로에게 물었다. 이 질문에 부인 한 사람만 빼고 모두가 오랑캐한테 몸을 더럽히느니 차라리 자결을 하겠다고 당당하게 말했다. 당시 가부장 사회에서는 이렇게 하는 것이 맞다. 그런데 한 부인만은 대답을 망설이다가, 자신은 그 상황이 실제로 벌어지기 전까지는 잘 모르겠다고 조심스러운 의견을 내놓았다. 다른 부인들의 질타가 이어졌다. 사대부 부인이 돼가지고 목숨보다 더 소중한 정조를 지켜야지 어떻게 주저하는 태도를 보이냐는 것이었다.

그런데 실제로 전란이 일어났다. 청나라 군대가 이 마을도 덮쳐 이 부인들을 농락하는 일이 현실에서 벌어지자 그때 자기 의견을 유예했던 한 부인만 자결을 택했고 다른 부인들은 자결은커녕 청나라 군인들과 향락을 즐기는 일이 벌어졌다.

어째서 이 부인만 당시에 사대부 부인으로서 가야 하는 길을 갈 수 있었을까? 추측건대 이 부인은 항상 자신을 관조하는 태도를 취하고 있었을 것이다. 당시에는 결혼한 여자가 다른 남자와 포괄적인 의미에서 육체적인 접촉을 하는 것은 있을 수 없는 일이었다. 이 부인 역시 이러한 시대의 신조를 받아들이고 있었지만 맹목적으로 따르지는 않았다. 그 대신 그는 자신이 다시 한 번 생각해보고 자신의 판단으로 그것을 내면화시켰다. 그래서 앞에서 말한 위기의 상황이 닥쳤을 때 남들 하는 대로 휩쓸리지 않고 자기 길을 고집할 수 있었던 것이다.

그에 비해 다른 부인들은 자신들이 냉철하게 생각해보는 시간을 갖지 않고 그저 사회의 신조를 껍데기로만 받아들였다. 그들에게는 여성이 정조를 반드시 지켜야 한다는 사회의 신조가 내면화되지 않았던 것이다. 그런 까닭에 그들은 자신의 목숨과 정조가 위협받는 상황이 되자 자신의 생명을 지키는 데에만 급급했다. 목숨이 달린 상황에서 이 대부분의 부인들이 택한 선택, 즉 다른 남자들과 육체적인 접촉을 허한 것은 크게 문제 삼을 바는 아닐 수 있다. 이 부인들의 문제는 언행이 불일치했다는 점이다.

또 다른 예를 들어보자. 영화나 TV 드라마에 악역으로 나오는 배우가 길을 걷다 보면 그 영화나 드라마에 빠져 있는 사람들에게 봉변을 당하는 일이 적지 않다고 한다. 그러한 사람들은 이 배우에게 마구 욕을 해댄다. 구타를 하면서 '너 같은 놈은 죽어야 해' 같은 저주도 불사한다. 어떤 때는 배우의 옷도 찢는다. 배우는 다만 악역의 연기를 한 것뿐이고 현실 세계에서 그 사람들에게 하등 나쁜 짓을 하지 않았는데 그들은 이 배우를 원수로 취급하는 것이다.

이는 사람들이 사안을 객관적으로 보지 못했기 때문에 생긴 일이다. 영화는 영화이고 실제는 실제라는 것을 구분하지 못한 것이다. 이것은 사람들이 자신과 세상을 일정한 거리를 두고 보는 것이 아니라 완전히 몰입해서 이 둘을 구분하지 못했기 때문에 생긴 현상이다. 이것을 두고 그런 일은 덜떨어진 사람들이나 하는 짓이지 나 같은 교양이 있는 사람은 그렇지 않다고 하는 사람들도 있을지 모른다. 그러나 정도의 차이만 있을 뿐 우리는 누구나 이렇게 살고 있다.

더한 경우도 있다. 살인이나 강간 같은 중죄를 저지른 범인의 현장검증에 구경 온 사람들 중에 자신들이 의로운 사람인 양 그 범인을 욕하고 그를 향해 돌을 던지는 경우가 그것이다. 그 범인이 자신에게 나쁜 짓을 한 것도 아닌데 말이다. 범인이 어떤 동기나 어떤 상황에서 범죄를 저질렀는지에 대해 전혀 고려하지 않고 무조건 단죄하는 것이다. 어떻게 생각해보면, 이 사람들은 사안을 객관적으로 보지 못할 뿐만 아니라 자신은 범인과 다르다고 하면서 오만한 태도까지 보이니 앞서 말한 악역 배우를 때리는 사람들보다 오류의 정도가 더 심하다고 할 수 있다.

영화 이야기가 나와서 말이지만 지혜로운 사람들은 이런 말을 많이 한다. '인생을 영화처럼 관조하라'고 말이다. 영화를 볼 때 어떤 사람들은 그 영화에 과도하게 몰입하지 않는다. 냉철하게 자신은 여기에 있고 영화는 저기에 있다고 생각하면서 영화를 자유롭게 즐긴다. 반면 어떤 사람들은 영화에 푹 빠져 그 영화와 같이 울고 웃는다. 영화와 실제의 나 사이에 간격을 두지 않는다. 영화 속의 주인공과 자신을 동일시하는 것이다. 우리도 어릴 때에는 그렇게 했다. 만화영화를 보면서 이런 식으로 행동했다. 그러다 사춘기가 지나고 주관이 생기면 영화는 허구라는 사실을 알게 되어 영화의 주인공과 자신을 동일시하지 않는다. 물론 지혜로운 사람도 영화를 보면서 울고 웃지만 자신의 자리에서 울고 웃을 뿐이지 자기를 잊고 영화 속 주인공이 자신이라고 생각하지는 않는다.

현자들은 우리 인생도 이렇게 영화 보듯이 일정한 간격을 두고 살라고 권한다. 우리가 이번 생에서 일정한 개인으로 태어나 살고 있는 것은 영화에서처럼 하나의 역할을 맡은 것일 뿐이라는 것이다. 물론 우리는 우리가 맡은 역할에 충실해야 한다. 그러나 그 역할이 나는 아니다. 그 역할이 내가 아니라면 그러면 '나는 무엇이냐'는 질문이 대두될 수 있다. 이 질문은 대단히 복잡한 문제라 여기서는 다루지 않겠다. 그러나 독자들의 이해를 돕기 위해 아주 간단하게, '(진정한) 나'는 그런 표층 자아의 밑바닥 혹은 가장 심층에 있는 '인식 주체로서의 자아'라고만 해두자. 이것은 이번 생에 내가 맡은 역할과 아무 관련이 없다. 이 심층 자아는 인식만 할 뿐이라서 어떤 내용이 없이 텅 비어 있기 때문이다. 텅 비어 있기 때문에 어떤 것이든 인식할 수 있고 어떤 역할이든 맡을 수 있는 것이다. 이야기가 많이 어려워졌다. 이 말이 무엇을 뜻하는지는 앞으로 설명이 전개되면서 서서히 밝혀질 것이다.

우리 보통 사람들이 인생을 살면서 가장 많이 저지르는 실수 중 하나가 이번 생에 맡은 역할과 자기를 혼동하는 것이다. 내가 이번 생에 누구의 딸로, 혹은 누구의 아버지로 태어난 것은 하나의 역할을 맡은 것뿐이다. 그것은 영속적인 관계가 아니다. 이것을 다시 영화에 비교해보자. 한 영화에서 일정한 역할을 맡은 배우는 다른 영화에서는 전혀 다른 배역을 맡게 된다. 줄거리가 달라 이전 영화의 역할과는 아무 관련이 없는 사람이 된다. 그 배우는 영화가 상영되는 그 두 시간 동안만 그 역할을 맡는 것이다. 우리 인생도 그렇다는 것이다. 우리는 이번 생에서 주어진 역할만을 맡는 것일 뿐 그 역할이 영속되는 것은 아니다. 이번 생이 끝나면 그 역할도 끝이 난다. 그렇다고 그 역할을 무시하라는 것은 아니다. 우리는 이번 생에 주어진 그 역할에 충실해야 한다. 그러나 그 역할은 한정된 것이라는 것을 깨닫고 거리를 두어야 한다. 이번 생이 가면 그 역할은 영원히 없어질 것이기 때문이다.

이런 의미에서 나는 공자를 심히 질타한다. 공자는 부모와 자식 같은 인류적인 관계를 천륜으로 설파했기 때문이다. '하늘이 정해준 윤리'라는 의미를 갖고 있는 천륜은 바꿀 수 없다는 것을 뜻한다. 한번 아버지이면 죽을 때까지, 아니, 죽어서도 제사를 통해서 영원히 아버지로 남는다. 이 관계

1. 역할과 자기 자신을 혼동하지 말자!

는 절대로 바뀔 수 없다. 공자의 이러한 무리한 교설 때문에 우리는 많은 질곡의 세월을 겪었다. 공자가 일시적인 관계를 영속적인 관계로 잘못 본 때문이다. 우리가 이 세상에 태어나 부모와 자식 관계가 되는 것도 일종의 역할 분담일 뿐이다. 그게 전부가 아니다. 우리는 부모와 자식 이전에 한 인간으로 존재해야 한다. 공자는 이 부분을 그다지 신경 써서 다루지 않았다. 온 우주 앞에서 부모 자식 간의 관계는 가변적일 수 있다는 것을 공자는 인정하지 않았다.

예수나 석가는 달랐다. 이분들은 그런 1차적인 인간관계를 무시하지는 않았지만 그렇다고 그것을 가장 중요한 것으로 보지도 않았다. 그 대신 부차적인 것으로만 보았다. 이들은 그런 태생적으로 결정되는 인간관계보다는 뜻을 공유하는 사람들의 관계가 더 중요한 것으로 생각했다. 이러한 태도는 다음과 같은 예수의 일화에서 명확히 알 수 있다.

예수가 어느 날 군중에게 설교를 하고 있었다. 그때 그의 어머니와 동생들이 그 소식을 듣고 그를 찾아왔다. 제자들이 예수에게 그들이 당도했다는 소식을 알리자 예수는 천추에 남을 명언을 남긴다. '누가 내 어머니이고 내 동생인가'라고 제자들에게 되물은 것이다. 이 말은, 예수에게는 태생적으로 결정된 혈육이라는 존재는 중요한 것이 아니라는 것을 뜻한다. 그에게 중요한 사람들은 그를 따르는 제자들처럼 같은 뜻을 가진 사람들이었다.

이것을 가지고 스토리를 만들어보면, 예수는 수도를 하기 위해 오래전에 집을 나왔을 것으로 추측된다(이것은 스토리이니 사실에 부합하지 않을 수도 있다). 그러다 성령의 부름으로 생각되는 종교 체험을 하고 가르침을 펴기 시작했다. 이른바 공생활公生活을 시작한 것이다. 그가 세상에 다시 나타났다는 소리를 듣고 예수의 어머니인 마리아와 동생들이 그를 찾아 나섰다. 마리아는 장남인 예수가 집을 나가 황당했을 것이다. 당시 유대 사회에서는 장남이 가업을 계승하고 집안 살림을 책임져야 하는데 예수가 사라졌으니 말이다. 그러다 예수가 다시 나타났다는 소리를 듣고 반가운 나머지 마리아는 예수의 동생들과 부지런히 달려온 것이다. 그랬는데 예수의 반응은 시큰둥했다. 강한 종교 체험을 했을 예수에게 혈육이라는 것은 그다지 의미가 없었던 것이다(그렇다고 예수가 혈육을 무시했던 것은 아니다. 초기 기독교 공동체에서 예수의 동생들이 핵심적인 역할을 했다고 하니 예수는 동생들과 좋은 관계에 있었던 모양이다). 그보다는 자신과 함께 길을 가는 제자들이 진정한 동반자라고 생각했던 것이리라.

이것은 석가도 마찬가지 아닌가? 석가가 만든 이른바 승가 공동체라는 것은, 그 구성을 보면 혈육과 아무 관계가 없이 이루어졌다. 같은 뜻을 가진 사람이면 누구나 이 공동체에 들어와 평등한 관계를 유지할 수 있었다(물론 인도적인 권위를 확보하고 가장 기본적인 질서 유지를 위해 최소한의 위계는 확립되어 있었지만 말이다). 이 공동체에서는 나이나 성별, 계급, 고향처럼 우리가 태어나면서 결정되는 것이 그다지 중요하게 취급되지 않았다. 깨달음을 얻고자 하는 사람은 누구나 이 공동체에 들어올 수 있었다.

그러나 공자는 그렇게 생각하지 않았다. 공자는 가족을 떠나서는 인간이 존립할 수 없다고 생각했다. 우리 인간은 누구나 가족 안에서 부모를 효로 모셔야 하고 형제(자매)간에는 무조건적인 상하관계를 지켜야 했다. 물론 이러한 가족관계가 중요하지 않은 것은 아니다. 공자가 이 가족관계를 절대적인 것으로 보아서 문제라는 것이다. 우리는 누구와 누구의 가족이

1. 역할과 자기 자신을 혼동하지 말자!

기 이전에 한 인간이라는 것을 잊어서는 안 된다. 공자는 이것을 너무 간과
했다. 그래서 그가 설파한 유교에서는 개개인에 대한 이해가 부족할 수밖
에 없었다.

2

우리는 모두 감옥에 갇혀 있다!

내가 이렇게 사회로부터 주입되거나 주어진 모든 것들을 있는 그대로 받아들이는 일을 멈추고 모든 가치에 대해 의문을 던지자는 이유가 무엇일까? 그 의문의 대상으로는 앞에서 본 것처럼 한국 사회에서 가장 중시하는 부모 자식 간의 관계도 들어간다. 이유는 너무나 간단하다. 우리 안에 있는 모든 가치에 의문을 던져야 사회의 통념과 권위에서 벗어나 자유로워질 수 있기 때문이다. 물론 절대적으로 자유로워지는 것은 결코 쉬운 일이 아니다(사실 거의 불가능한 일이라고 해도 과히 틀리지 않는다). 절대적인 자유를 획득하는 일이 불가능에 가깝다 하더라도 우리는 적어도 사회의 통념이 어떤 면에서 잘못인지는 알 수 있다. 문제를 풀 수는 없어도 그 문제가 무엇인지는 알 수 있다는 것이다.

　우리는 정신적으로 모두 감옥에 갇혀 있다고 할 수 있다. 무슨 감옥일까? 사회의 통념이라는 감옥이다. 물론 우리가 이러한 감옥에 갇혀 있다는 것 자체도 문제이지만 더 심각한 것은 사람들이 자신이 이런 감옥에 갇혀 있다는 것을 모른다는 점이다. 심지어 어떤 사람들은 자신이 매우 자유로운 영혼인 줄로 아는데 그것이 망상인 것은 두말할 나위가 없다. 그래서 그들은 우리 대부분이 정신적으로 감옥에 갇혀 있다는 나의 주장에 동의를 표하지 않을 것이다.

자신이 자유로운 영혼이라는 생각은 특히 예술 한다는 사람들, 예를 들어 음악가나 화가, 문인 들이 더 많이 가지고 있을 것이다. 물론 예술가들은 보통 사람들보다 자유로운 영혼의 소유자일 가능성은 있다. 예술을 하는 것은 자신만이 갖고 있는 고유한 특성을 표현해야 한다는 의미에서 말할 수 없이 어렵고 힘든 작업이라 할 수 있다. 예술가가 이 작업에 성공하는 것은 자기 자신을 발견한 다음에야 가능할 것이다. 다시 말해 견성見性을 한 사람만이 자기를 제대로 표현할 수 있다.

진정 창조적인 예술가가 되는 길이 힘든 것은 다른 사람이 아무도 하지 못한 것을 해야 되기 때문이다. 이것에 성공하기 위해서 그들은 사회가 부과한 관습에서 벗어나야 한다. 관습을 따른다는 것은 남들의 생각을 흉내 내는 것이지 자기만의 색깔을 내는 것이 아니다. 따라서 예술가로서 성공하려면 자기 안에 이미 형성되어 있는 이 관습을 몰아내야 하는데 이 일이 쉽지 않다. 인간이 할 수 있는 일 가운데 가장 어렵다고 해도 과언이 아닐 정도로 이 일은 어렵다.

그래서 예술가들은 남들이 잘 하지 않는 기행을 일삼기도 한다. 그렇게 해서라도 몸에 밴 관습을 떼어내려는 것이다. 이미 형성된 관습에서 벗어나지 않으면 자신은 계속해서 세상을 다른 사람의 시각으로 볼 터이니 자

I. 일상 속 자아발견 실험

기만의 창작은 나오지 않는다. 그래서 이들은 일부러 나이나 성별 등으로 생기는 사회 관습을 무시하는가 하면 매일 음주를 하는 등 일상에서 관습이라고 하는 건 다 넘어서려고 갖은 애를 쓴다. 이처럼 예술가들이 기행을 일삼는 것은 일상의 관습에서 벗어나려는 처절한 시도라 할 수 있다.

그런데 또 이것을 흉내 내는 사람들이 있다. 관습에서 벗어나기 위해 엄청난 일탈을 감행하는 것은 자유와 창조를 위함인데 이 정신은 배우지 못하고 외면적인 것만 따라 하는 사람들이 있는 것이다. 이들은 일탈하는 것만 배워 스스로가 자유로운 척한다. 이것은 남을 따라 한다는 의미에서 다시 관습형으로 돌아가는 것이다. 내가 보기에 많은 예술가들이 이런 부류에 속한다. 우리가 대부분 관습형 인간이듯이 그들도 역시 대부분 관습형이라고 해도 이상한 일이 아닐 것이다.

다시 말하지만 관습에서 벗어나는 일은 말할 수 없이 힘들다. 사회가 놓아주지 않고 이미 형성되어 있는 자신의 선입견이 놓아주지 않기 때문이다. 사회가 놓아주지 않는 것도 사실은 자신이 만든 것이라 할 수 있다. 관습에서 벗어나는 일은 왜 이리 힘들까? 그것은 사람들이 자신들이 관습이라는 감옥에 갇혀 있다는 사실을 모르기 때문이다. 그러면 사람들은 왜 이 사실을 모를까? 그 이유는 이 감옥의 창살이 보이지 않기 때문이다. 이 창살이 보이지 않는 이유는 마음으로 만든 것이기 때문이다. 마음속에 있는 것이니 이것이 보일 리 만무하지 않겠는가. 창살이 이처럼 보이지 않으니 사람들이 창살이 없다고 생각하는 것이다. 그런데 엄연히 창살이 있기 때문에 사람들은 그 밖으로 나갈 수가 없다(보이지 않는다고 없다고 해서는 안 된다). 아니, 사람들은 이 감옥 밖으로 나가려고 하지도 않는다. 밖이 다 보

53
2. 우리는 모두 감옥에 갇혀 있다!

이니 자신이 갇혀 있다는 생각을 하지 않는 것이고 그러니 나가려고 하지도 않는다. 또 이 안에 있는 게 편안하니 굳이 나가려고 노력할 필요도 없다. 사람들은 그렇게 살다가 그 감옥 안에서 죽는다. 대통령이 되든 재벌 회장이 되든 그런 것에 관계없이 인간은 누구든 이 보이지 않는 창살의 감옥에 있다가 죽는다.

사람이 윤회하는 것이 사실이라면 우리 영혼은 다음 생에도 같은 감옥에 태어나 또 그렇게 살다가 갈 것이다. 윤회에서 벗어나는 것은 바로 이 창살을 없앨 때만이 가능한 일이다. 아니, 더 정확하게 말하면 탈脫윤회는 원래 이 창살이 없었다는 것을 확인할 때 가능한 것이라 할 수 있다. 그래야 우리 인간은 궁극적으로 자유로워질 수 있다. 불교 초기 경전인 '수타니파타'에 보면 '그물에 걸리지 않는 바람처럼 살라'라는 구절이 있다. 이것은 대자유 속에 들어간 해탈의 경지를 말한다. 그런데 우리는 바람처럼 자유로운 삶이 아니라 스스로가 그물을 만들어 그것에 구속된 삶을 살고 있다. 우리가 만들어내 스스로를 구속하는 것이 그물이든 창살이든 그런 것은 관계없다. 문제는 우리 스스로가 자신이 만든 감옥에 갇힌 채로 몇 생이 될지 모르는 엄청나게 장구한 생을 거듭해 살고 있다는 것이다.

상황이 이렇다는 것을 인정한다면 우리는 이런 질문을 던질 수 있다. 이런 감옥에 사는 것이 무슨 문제냐고, 다시 말해 굳이 이 감옥에서 나올 필요가 있느냐고 말이다. 어떻게 살든 잘 살다가 죽으면 되지 내가 감옥에 있든 없든 그게 뭔 대수냐는 것이다. 그러나 우리가 이 감옥을 나와야 할 이유는 아주 간단하다. 그 속에서 사는 삶은 내 삶이 아니기 때문이다. 그 삶은 내 삶이 아니라 사회가 대신 사는 것이다. 우리는 누구든지 자기로서 살고 싶어 한다. 그런데 감옥 안의 삶은 자기 삶이 아니다. 좀 더 정확하게 말하면 사회의 통념, 즉 다른 사람의 생각으로 사는 것이다. 이때 말하는 '다른 사람'도 그 실체가 있는 것이 아니다. 우리는 도대체 누가 이 사회적 통념들을 만들어내는지 모른다. 그런데 어찌 됐든 이 통념들이 생겨나서 사람들을 지배한다.

누가 이 사회적 통념들을 만들어내는지 모른다는 의미에서 하이데거는 '익명성'이라는 용어를 썼는데 이것은 꽤 적절한 표현이라고 하겠다. 이런 사회적 통념들을 만들어내는 것은 '익명의 그들Anonymous They'이라는 것이다. 그러나 굳이 그 익명의 주인공이 누구냐고 묻는다면 나는 우리의 무의식이라고 하고 싶다. 우리 무의식 속에 있는 그 정체를 알 수 없는 수많은 욕망들이 집약되어 우리 자신도 모르는 통념들을 충동적으로 만들어내는 것이 아닌가 생각한다.

우리 모두에게는 자기의 삶이 있다. 어느 누구도 대신해줄 수 없는 자신의 삶이 있다. 그 삶을 포기하고 다른 사람의 삶을 사는 것은 그 개인에게는 큰 불행이 아닐 수 없다. 이러한 사회적 통념이나 권위를 벗어나려면 어떤 일을 해야 할까? 앞에서 누누이 말한 대로 이것은 대단히 어려운 일이다. 그렇다고 아무것도 하지 않고 방관만 하고 있을 수도 없다. 무조건 여러 가지 시도를 해보아야 한다. 이제 그 시도들을 보았으면 하는데, 그러기 전에 한번 해보고 싶은 실험이 있어 먼저 소개하고자 한다.

3

주민등록증 자가自家 말소 프로젝트
통념에서 벗어나기 실험

지금부터 해보고 싶은 실험은 매우 초보적인 것이지만 재미있는 실험이
될 수 있다. 사회적으로 형성된 자기를 한번 지워보자는 것이다. 사회적
자기를 나타내는 것 가운데에는 주민등록증이 가장 대표적인 것이 아닐까
한다. 이런 면에서 주민등록증은 상징성이 아주 뛰어나다. 그럴 수밖에 없
는 것이, 우리가 갖고 있는 사회적 통념 가운데 가장 근본적인 것은 이름이
무엇이고 나이가 몇이며 어디에 사는가와 같은 극히 1차적인 것인데, 이런
정보들이 모두 주민등록증에 적혀 있으니 그 상징성이 뛰어나다. 그렇지
만 이런 것들 역시 사회에서 만들어 우리에게 부과한 것이다. 만일 내가 무
인도에 산다면 나의 개인적인 정보를 나타내는 주민등록증 같은 것은 필
요 없지 않은가?

이번 프로젝트는 이처럼 사회에서 부과된 자신의 가장 기본적인 정보들

에서 벗어나 보자는 것이다. 다시 말해 이것부터 객관화하고 지워나가 보자는 것이다. 그런 의미에서 나는 이 시도를 '주민등록증 자가自家 말소 프로젝트'라고 부른다. 주민등록증에 있는 정보들을 스스로(자가) 하나하나 지워나가서 아무것도 없는 것으로 만들자는 의미에서 그렇게 부른다. 사회에서는 사람이 죽으면 주민등록증이 말소된다. 그러면 그 사람의 존재는 없어지는 것이다. 또 살아 있다 해도 주민등록증이 살아 있지 않으면 그 사람은 없는 거나 다름없다. 그런 의미에서 주민등록증은 우리의 사회적 분신이라 할 수 있다. 그렇게 중요하다는 주민등록증을 우리가 스스로 없애보자는 것이다. 이유는 간단하다. 나는 주민등록증이 아니기 때문이다.

주지하다시피 주민등록증에는 이름이 가장 먼저 나와 있다. 사람들이 갖고 있는 사회적 통념 가운데 가장 탈피하기 힘든 게 자기 이름에 대한 집착이 아닐까 한다. 대부분 우리는 내가 그 이름인 줄 안다. 자신과 자신의 이름을 동일시하는 것이다. 시험 삼아 한번 속으로 자신의 이름을 불러보자. 그러면 가슴에서 반응이 오는 것을 알 수 있다. 내 자신도 '최준식'이라고 속으로 되뇌면 그 이름이 나 같아서 가슴이 아주 조금 아려온다.

또 사람들은 '내 이름을 걸고' 혹은 '내 이름의 명예를 위해'라는 말을 많이 하는데 이것 역시 이름과 자신을 동일시하는 것이다. 그런가 하면 자신의 이름을 조금 잘못 부르면 굉장히 불쾌해한다. 또 그 이름을 잘못 부른 상대방도 대단히 미안해한다. 흡사 그 사람에게 큰 폐해를 끼친 것처럼 말이다. 성姓에 대한 집착은 더하다. '성을 가느니 차라리 죽는 게 낫다'고 할 정도이니 말이다. 널린 게 성이라 그까짓 것 아무것도 아닌 것 같은데 자기 성은 사수死守하려고 한다. 자기와 같은 성을 쓰는 사람도 대단히 많을 터인데 그 성이 자기 것인 줄만 알고 지키려고 애를 쓴다.

이런 일은 대관절 왜 일어나는 것일까? 단도직입적으로 말해 우리 모두가 자신의 이름이 나인 줄 알고 있기 때문이다. 그러나 이성적으로 생각해보면 이름은 단지 단어일 뿐이다. 우리는 절대로 그 이름이 아니다. 우리 모두는 자신의 이름으로는 결코 표현할 수 없는 엄청난 존재이다. 그래서 그 이름에 갇히면 안 된다. 내 경우만 보더라도, 현재 한국 사회에는 '최준식'이라는 이름을 가진 사람이 부지기수로 많다. 전주全州 최씨 문중에 '최준식'이라는 이름을 가진 사람이 많은 것은 말할 것도 없고 인터넷에서 검색해보면 대학교수만 해도 서너 명이 있고 야구선수, 그리고 의사도 있다. 그 사람들도 '최준식'이 자기인 줄 알고 살고 있을 텐데 그렇게 생각하면 기분이 이상해진다. '최준식'이라는 이름을 쓰는 우리는 한 사람이 되었으니 기분이 이상해지는 것이다.

자, 이제 자기 이름에서 벗어나는 작은 시도를 해보자. 나는 내 이름이 아닌 것을 알았으니 이 이름을 서서히 지워보자. 우선 이름부터 타자화시켜보자. '나는 최준식이 아니다'라고 마음속에서 외쳐보자. 이렇게 외치면 더 좋다. '나는 어떤 것일 수 없다. 나는 나일 뿐이다' 혹은 '나는 아무것도 아니다'라든지 '나는 어느 누구도 아니다'라고 외쳐보자. 좀 더 실감을 내기 위해 영어로도 외친다. 'I Am Nobody'라고 말이다.

이렇게 외치는 동시에 나는 내 안에 어떤 성향이나 특성 같은 것이 하나도 없다고 생각해본다. 그저 텅 빈 의식적 존재만 있다고 생각해보는 것이다. 그리고 이 생각이 지속되도록 반복해서 시간이 되는 대로 해본다. 자신을 타자화하고 객관화하는 것이다. 다시 말해본다. 나는 그 어떤 것일 수 없다. 나는 아무것도 아닌 그저 존재하는 존재이다. 지우자, 또 지우자. 생각이 더는 안 날 때까지…. 독자 여러분들도 이렇게 해보면 평소에 내가 내 이름과 자신을 얼마나 동일시하고 살았는지를 발견하고 놀랄지 모른다.

그리고 나는 어떤 것으로도 묘사되거나 표현될 수 없다고 생각해보자. 아니, 생각해볼 것도 없이 사실이 그러하니 그렇게 믿어보자. 나는 아무것도 아닌 텅 빈 존재라고 말이다. 나는 ×××(자신의 이름)가 아닐 뿐만 아니라 누구의 아들도 아니고 누구의 아내도 아니며 누구의 아버지나 어머니가 아니라고 생각해보자. 그런 것들은 그저 이번 생에 주어진 역할을 맡기 위해 택한 분장일 뿐이라고 생각해보자. 나는 그 역할을 하는 배우일 뿐 진짜 나는 그 사람이 아니라고 생각해보는 것이다. 흡사 영화에 출연한 것처럼 말이다. 그러면 묘하게 자유로워지는 느낌이 든다. 그렇지 않겠는가? 이 삶이 영화 한 편이라는데 그리 심각하게 살 필요가 없지 않겠는가? 그저 주어진 역할에 충실하면서 주변 상황 돌아가는 것을 한 걸음 뒤에서 바라보면 되지 않겠는가? 자유와 여유는 이런 마음가짐에서 나오는 것이다. 이럴 때만이 우리는 주어진 상황에서 자유로울 수 있다.

주민등록증에는 그다음에 주소(이전에는 본적 주소도 있었음)가 나오는데 이것도 이름과 사정이 비슷하다. 우리는 자신들이 살고 있는 지역과 굉장한 관계가 있는 줄 안다. 고향이 경상도면 끝까지 자기는 경상도 사람이라고 생각한다. 그러나 주거지는 어쩌다 그렇게 결정된 것이지 변하지 않는 것이 아니다. 또 고향이 경상도라는 것은 참고사항일 뿐이지 그렇게 중요한 것도 아니다. 자, 지금부터는 이 작은 지역에서 벗어나자. 내 고향이 있다는 의식을 걷어내 보자. 나는 경상도 사람도 아니고 전라도 사람도 아닌

나일 뿐이라고 말이다.

고향 문제가 나오면 늘 나는 고향 같은 것에는 별 관심이 없다고 말한다. 군이 고향을 말하라고 하면 한국이라고 한다(아버지 고향은 충북이지만). 내 본적에 있는 것은 부친의 고향이지 내 것이 아니라고 하면서 말이다. 사실이지 내가 보기에 이 작은 나라에서 고향 따지는 게 우습기 짝이 없다. 전국을 다녀보면 어디를 가든 다 좋아 어디 한 군데를 콕 집어 내 고향이라고 말하는 것이 유치하게 느껴진다. 그래서 한국이 내 고향이라고 하는 것이다. 나는 단지 일정한 배역을 갖고 어떻게 하다 이 지역에 태어나서 살고 있는 것이지 이 지역과 내가 필연적인 관계가 있는 것은 아니다.

이렇게 거주지나 고향을 부정하면서 점점 그 범위를 넓혀나가면 내가 한국인이라는 것도 부정하는 데에 이르게 된다. 내가 이 땅에 태어난 것도 잠시 그런 것일 뿐 이 사실이 영원한 변수는 될 수 없다. 게다가 나는 한국인이기 이전에 한 사람의 인간이다. 엄밀하게 말하면 내가 한국인이라는 것보다 인간이라는 것이 더 보편적인 사실이다. 이러한 입장에서 보면 내가 한국인이라는 것도 그다지 의미가 없다. 그래서 이런 상상을 해본다. 먼 미래에 인류가 과학기술의 발전에 힘입어 우주여행을 자유롭게 할 수 있을 때가 도래했다고 치자. 그래서 인간들이 온 우주를 헤집고 다니는데 우주가 하도 넓어 지구인을 만나기가 아주 어렵게 됐다고 상정해보자.

그렇게 다니다 몇만 광년 떨어진 별에서 인간을 만나게 되었다고 하자. 그렇게 힘들게 만난 인류가 과연 서로에게 국적을 물어보겠는가? 같은 지구 출신의 사람을 만났다는 사실이 너무도 반가워 아마도 국적 같은 건 물어보지 않을 것이다. 또 혹시 국적을 물어보더라도 그게 그다지 중요한 변

I. 일상 속 자아발견 실험

수는 되지 못할 것이다. 이렇게 보면 고향이고 국적이고 모든 게 다 상대적인 것임을 알 수 있다. 상대적인 것은 상대적으로만 대하면 되지 불변하는 절대적인 것으로 간주해서는 안 된다.

내가 혼자 'I Am Nobody'라고 하고 'I Live(혹은 Am) Nowhere'라고 되뇌었던 것은 바로 이런 배경에서 행한 것이다. 내 의식에서 내가 한국 사람이라는 인식을 지우는 시도를 해보는 것이다. 사실 그렇지 않을까? 앞에서 말한 것처럼 내 의식이 텅 빈 것이라면 내가 어디에서 태어나고 어디에서 거주하는 것이 무슨 의미가 있겠는가? 한 번만 더 생각하면 그런 것들이 모두 의미 없다는 것을 알 수 있다.

여기서 우리는 한 걸음 더 나아갈 수 있다. 내가 인간이라는 것도 우연적인 것으로 치부해서 이 사실마저 잊는 데까지 갈 수 있다는 것이다. 그렇게 부정하다 보면 그저 텅 빈 의식만 남게 되는데, 거기까지 가는 것은 불교나 힌두교에서 말하는 절대 경지에 이른 것이라 우리 같은 보통 사람들에게는 너무 나아간 것이 된다. 따라서 여기서는 다루지 않기로 한다.

'나는 인간이 아니다'라는 경지는 극소수의 인간만이 갈 수 있는 단계이다. 그 수준까지 갈 수 있는 사람은 자신이 원하는 대로 자의식의 수준을 조정할 수 있다. 이것이 무슨 말일까? 이런 사람들은 다른 사람을 만나면 그 사람의 의식이 지닌 파동에 자신의 그것을 맞추어 그의 마음을 읽을 수도 있다. 그 정도에서 끝나는 것이 아니다. 이런 사람들은 동물을 만나면 동물의 의식 수준으로 본인의 의식을 조정하여 동물과도 대화를 나눌 수 있다. 물론 이때의 대화는 언어가 아니라 직감으로 한다.

이것이 전부가 아니다. 이런 사람들은 의식의 흐름을 더 늦출 수도 있

3. 주민등록증 자가 말소 프로젝트

다. 예를 들어 이런 사람들은 돌을 만났을 때는 자신의 의식의 파장을 한정 없이 둔중하게 해 돌과도 하나 됨을 느낄 수 있다(이런 일은 의식적인 차원이 아니라 무의식적인 차원에서 순식간에 이루어진다). 이런 경지가 천지와 하나 되는 경지인데 이것은 장자莊子 같은 진인이나 체험할 수 있을 것이다. 『장자』를 보면 '진인은 천지와 하나가 될 때 기쁨을 느낀다'고 쓰여 있는데 이를 통해 우리는 진인의 수준을 알 수 있다. 그러나 이런 경지는 지극히 멀리 떨어져 있어 우리 같은 보통 사람들이 그곳에 이르려면 수백, 수천 생이 필요할지도 모른다. 물론 이러한 상정은 윤회를 인정할 때 가능한 생각이긴 하지만 말이다. 그래서 우리처럼 일상생활을 영위하기도 힘든 사람들은 이런 경지에 대해 일단은 접어두어야 한다. 그러나 자신이 인간이라는 사실을 부정하고 잊는 것은 대단히 재미있는 체험이 될 터라 관심 있는 독자들은 한번 시도해보기 바란다.

잘 알려진 것처럼 『장자』의 첫 번째 편인 「소요유逍遙遊」를 보면 대붕大鵬이라는 엄청난 새 이야기가 나온다. 이 새는 크기가 수천 리나 되고 한번 날아가면 9만 리를 6개월 동안이나 간다고 묘사되어 있다. 그런 대붕을 두고 매미와 비둘기가 비웃는 장면이 나온다. 자신들은 나뭇가지에 오르는 것도 힘들어 어떤 때는 땅에 떨어지기도 하는데 어떻게 대붕 같은 새가 있을 수 있냐고 하면서 말이다. 여기서 장자는 진인을 대붕에 비유하고 소인배인 우리는 매미와 비둘기에 비유한 것이다. 확실히 말하건대 우리는 매미나 비둘기에 속하지 대붕이 될 수 없다. 매미나 비둘기의 수준에 있는 우리는 대붕 같은 진인의 수준을 전혀 상상할 수 없다. 따라서 그 경지는 접어두자. 대신 매미와 비둘기의 세계에서 더 높이 진화할 수 있는 길을 찾아보

I. 일상 속 자아발견 실험

자. 우리는 대붕처럼 하늘을 자유롭게 날 수 없으니 이 땅 위에서 일상생활
을 하면서 우리를 발전시킬 길을 찾아보자는 것이다.

4

부모는 나의 행불행을 좌우하는 절대적인 요인
부모는 나의 가장 큰 적!

앞 장에서 본 주민등록증 말소 작업은 말로는 쉽게 진행됐지만 직접 실행하는 것은 결코 쉬운 일이 아니다. 그러므로 만일 자기 자신에 대한 정보를 지우는 작업이 힘들면 그것은 잠시 접어두어도 된다. 그보다 더 일상적인 작업이 있다. 앞에서 나는 우리가 자유로워지는 첫 번째 단계로 사회에 의해 주입된 것들로부터 벗어나야 한다는 것을 들었다. 그리고 이 작업 역시 대단히 힘든 작업이라 했다. 한 인간의 사회화 작업은 아주 어릴 때부터 시작되었기 때문에 도대체 어디서부터 어디까지 내가 사회에 의해 세뇌됐는지 알 수 없기 때문이다. 그런데 이것을 정확하게 알아낼 수는 없을지라도 이 일을 성취하기 위해 우리가 최소한으로 할 수 있는 일이 있다. 자신의 부모부터 점검하는 일이다.

한 사람의 인생에서 부모보다 더 중요한 사람은 없을 것이다. 부모는 우리가 아주 어릴 때부터 절대적인 힘으로 우리에게 영향을 미쳤기 때문이다. 우리는 태어나면 거의 예외 없이 부모의 손아귀에 들어가게 된다. 그런데 이때 우리는 어떤 상태에 있는가? 이때에 우리는 심대한 문제점을 갖고 있는데, 그것은 이 단계의 우리는 나이가 너무 어려서 자주적으로 사고할 수 있는 능력이나 다른 사람에게 저항할 수 있는 힘을 갖고 있지 않다는 것이다. 아직 자기의식이 없는 아기 때는 말할 것도 없고, 자기의식이 생긴 뒤라 할지라도 우리는 적어도 초등학교 저학년 시절까지는 부모가 하는 모든 일이 절대 진리라고 생각한다. 비판할 능력도 없고 판단할 능력도 전혀 갖추어지지 않은 때라 부모가 전하는 것은 아무 여과 없이 흡사 스펀지가 물을 빨아들이듯이 그냥 흡수해 내 내부의 마음을 형성하게 된다.

이때에 이것 말고 더 심각한 문제가 있다. 이것은 그냥 심각한 것이 아니라 아주 심각하다. 이때 부모로부터 흡수된 생각이나 가치관은 한번 내 마음에 새겨지면 여간해서는 바꿀 수 없다는 점이다. 세뇌 중에 최고의 세뇌가 되는 것이다. 이때의 마음은 아주 연한 상태에 있어서 어떤 생각이 들어가든 그대로 자취를 남긴다. 그런데 그게 그대로 굳어버리기 때문에 나중에 별도의 노력을 기울여도 다시 연하게 만들 수 없다. 그러다 사춘기가 지난 다음에는 제 나름대로의 주견主見을 갖게 되니 마음이 더 많이 굳게 된다. 그래서 그 뒤로는 어떤 생각이 외부로부터 들어와도 내 마음에 자취를 남기는 일이 쉽지 않다.*

---

* 그래서 사람들은 대체로 20대 중반 이후가 되면 그 성정이 바뀌지 않는다. 본인이 바꾸고 싶어도 여간해서는 성공하지 못한다. 이것은 본인의 노력이 부족해서 그렇다기보다는 이미 굳어진 마음을 그 마음의 주인공 자신이 주체가 되어 바꾸는 일이 힘들기 때문이다.

4. 부모는 나의 행불행을 좌우하는 절대적인 요인

비유적으로 설명해보자. 도로나 집을 지을 때 시멘트를 양생하기 위해 부어놓으면 초기에는 시멘트가 말랑말랑해 그 위에 자국을 남기기가 쉽다. 그런데 시간이 지난 다음에 그게 굳으면 그 자국을 절대로 바꿀 수 없게 된다. 망치로 시멘트 전체를 깨지 않는 한 그 흔적은 사라지지 않는다. 우리의 마음이 이와 같다. 이에 대한 실례는 하도 많아 다 들 수가 없다. 아니, 인생 전체가 그렇다. 예를 들어 아주 어릴 때부터 교회에서 세상에는 신이 있고 인간은 신을 배반하는 죄를 저질렀다는 교리를 주입받은 사람은 죽을 때까지 이 교리에서 벗어나기 힘들다. 나중에 자신이 이성적으로 거부하려 해도 성공하지 못할 가능성이 높다. 이성적으로는 그 교리가 그르거나 너무 극단적이라고 생각하더라도 당최 내 마음이 내 마음대로 움직이지 않는다. 북한의 김일성 숭배주의도 그렇다. 하도 어릴 때부터 교묘하고 철저한 방법으로 김일성을 우상으로 심어놓아 북한 국민들은 평생 동안 이 생각에서 벗어나지 못한다. 심지어 남한으로 온 탈북인들도 그 생각을 지우기가 쉽지 않다고 한다. 남한에 와서 북한의 김일성 우상 숭배가 잘못됐다는 것을 확실히 알았는데도 마음속 깊은 구석에서는 아직도 김일성 아버지 수령이라고 되뇌는 자신을 발견한다는 것이다.

부모의 위치나 지위는 이렇게 막강하다. 우리는 어렸을 때 부모를 하늘처럼 믿던 때가 있지 않았던가? 이런 관점에서 보면 한 사람의 행불행은 어떤 부모를 만났는지에 달려 있다고 할 수 있다. 이에 비해 우리가 성인이 되어 취하게 되는 사회적 조건은 그다지 중요한 것이 아니라고 할 수 있다. 좋은 학교를 나오고 좋은 직장에 들어가는 것 같은 사회적인 조건들은 어떤 한 사람이 행복해지는 데에 결정적인 변수로 작용하지는 않는 것이다.

한 사람이 일생 동안 행복하게 살 수 있는지 아닌지가 부모에 달려 있다면 우리의 일생은 대단히 불행한 것이라 할 수 있다. 우리는 부모를 골라서 태어나는 것이 아니기 때문이다. 우리는 어렸을 때는 부모에 대해 객관적으로 생각하지 못한다. 아무 생각 없이 부모자식 간의 관계로 살 뿐이다. 그러다 어느 날 철이 들면 자신이 어떤 부모의 자식이 되어 있고 그 부모가 어떤 사람인가를 어렴풋하게 알게 된다. 이처럼 자신이 어떤 부모의 자식이 되었다는 것을 지성적으로 알게 되는 것은 꽤 늦은 나이에나 가능한 일이다. 그런데 그 나이면 이미 부모의 생각과 가치관이 다 내 마음속에 지울 수 없는 흔적을 남긴 다음이라 변화를 꾀하는 것은 불가항력적인 일이 된다.

우리가 이런 상태에 있다는 것을 인정하면 우리가 행복하고 말고 하는 것은 아주 간단하게 결정된다고 할 수 있다. 이것은 사람들이 아는 것보다 훨씬 더 간단하다. 그것은 무엇일까? 좋은 부모를 만나 그들로부터 진실한 사랑을 받으면 우리는 평생 행복하게 살 수 있다. 진실한 사랑이란 무엇일까? 그것은 상대방(자식)을 인격적으로 존중해서 그 사람이 자존감을 갖게끔 해주는 사랑을 말한다. 이러한 사랑과 함께 그 사람에게 '당신은 이 세상에 꼭 필요한 존재이고 당신은 항상 사랑받고 있다'는 사실을 각인시켜주어야 한다. 그런 대우를 받은 사람은 '나는 소중한 사람이고 항상 사랑받고 있다'는 생각을 하게 된다. 행복은 바로 이 자존감이 결정한다. 이 자존감이 없으면 재물이 아무리 많아도, 또 아무리 높은 자리에 있어도 그 사람은 행복을 느낄 수 없다. 반대로 집안이 극히 가난해도 이 자존감을 잘 키워주는 집안에서 성장한 사람은 항상 행복할 수 있다. 사람의 행복은 마음의 상태에 달려 있지 외부의 조건에 의존하지 않는다는 것을 잊어서는 안

4. 부모는 나의 행불행을 좌우하는 절대적인 요인

된다.

　여기서 직시해야 할 사실이 있다. 부모는 내가 한 인간으로 성장하는 데
에 최고의 우군이 될 수도 있고 최대의 적이 될 수도 있다는 사실이다. 이
것은 아주 냉정하게 따져보아야 한다. 나를 정확하게 이해하려면 부모로
부터 주입되어온 사회화 과정이 어떤지 알아야 한다. 그것이 나쁜 것이든
좋은 것이든 그것을 객관적으로 인식해야 그것으로부터 해방될 수 있다.
만일 모른다면 그것으로부터 자유로워지는 것은 불가능하다. 그런데 부모
를 판단하는 것은 결코 쉽지 않다. 냉정하게 공정한 평가를 하는 일이 결코
쉽지 않기 때문이다. 나를 세뇌시킨 사람이 주입한 프로그램을 가지고 그
사람을 판단하는 것이라 공정한 평가를 하기가 힘든 것이다. 그래서 이 일
은 성공 여부가 아주 불확실하다.
　한국의 사회적 현실은 이 작업을 더 어렵게 만든다. 한국은 여전히 부모
를 하늘처럼 생각하는 유교 문화에 젖어 있는 나라이다. 지금이야 그런 경
향이 꽤 약화됐지만 아직도 자식에게 부모는 절대적인 존재이다. 결혼이
나 장례를 치를 때 보면 아직도 부모가 가장 큰 역할을 하는 것을 알 수 있
다. 한국에서의 결혼은 거의 부모의 주도하에 이루어지고 있고 부모의 장
례는 가장 중요한 통과의례라는 점에서 그렇다는 것이다.
　이런 문화 때문에 한국인은 부모라면 무조건 미화시키는 경향이 있다.
유교의 교리에 따르면 부모를 거스르면 안 되기 때문이다. 특히 어머니에
대한 정은 상당히 돈독하다. 그래서 그런지 사람들이 자신의 어머니에 대
해 말할 때 자신의 어머니가 마치 성인인 것처럼 다 좋게만 이야기하는 것

I. 일상 속 자아발견 실험

을 볼 수 있다. 그들의 말에 따르면 그들의 어머니는 모두 천사 같은 존재인데, 이것은 부모에 대해 함부로 말할 수 없게 한 유교의 관습 때문이다. 여기서 우리는 이런 질문을 던질 수 있다. 만일 한국에 그렇게 훌륭한 여성들이 많다면 왜 한국 사회는 이렇게 엉망일까? 다시 말해 그네들의 어머니처럼 인정이 많고 덕이 많은 사람들이 세상에 그렇게 많다면 왜 이 세상은 이 모양 이 지경이 됐느냐는 것이다.

그들은 자신의 어머니를 객관적으로 볼 수 있는 능력을 갖지 못했다. 그들은 어머니를 무조건 미화시킬 뿐이지 자신의 어머니가 어떤 단점이나 한계를 갖고 있는지 잘 알지 못한다. 또 혹시 알더라도 애써 그것을 무시한다. 만일 어떤 지성적인 외국인이 한국의 어머니들을 보면 어떻게 평가할까? 그들이 행하는 자식의 교육에 관해서 아마 다음과 같이 묘사하지 않을까? 즉, 한국의 어머니들은 자기 자식은 끔찍하게 위하지만 옆집 아이에게는 아무 관심이 없고 더 나아가 그들을 무시한다고 말이다. 이게 무슨 말일까? 한국의 어머니들이 보이는 사랑은 매우 국한적이고 배타적이라는 것이다. 그들에게 사랑은 자기 자식에게만 향해 있을 뿐이지 다른 집의 자식들에 대한 배려나 사랑은 찾을 수 없다. 한국 어머니들에게는 인간들에게 보여야 할 보편적인 사랑이 없거나 부족하다는 것이다.

이런 시각으로 보면 한국의 어머니들이 자기 자식에게 보이는 사랑은 상대(자식)를 객관적인 대상으로 존중하고 사랑하는 것이 아니다. 자기애 Self-love의 연장일 뿐이다. 자식을 하나의 인간으로 존중하고 사랑하는 것이 아니라 자기의 분신 혹은 연장으로 생각하기 때문에 무조건 사랑하는 것이다. 그러니까 남을 사랑하는 것이 아니라 자기 자신을 사랑하는 것이라 할 수 있다. 이것은 이타적인 사랑이라고 할 수 없다. 자기 자신을 사랑하는 것이니 이기적인 사랑인 것이다. 그래서 그들은 자기 자식에 대해서는 '눈에 넣어도 아프지 않다'*느니 하면서 그들을 위해 모든 것을 다 바쳐서 희생하는 것이다. 이렇게 희생하니 자식의 입장에서 보면 어머니는 천사로 비쳐질 수밖에 없다. 자식에게 어머니는 사랑의 화신인 것이다.

그런데 바로 그 어머니가 다른 사람의 자식들에 대해서는 무관심과 시기 혹은 경쟁의식으로 똘똘 뭉쳐 있다. 그들의 머리에는 다른 사람의 자식이란 개념이나 자리는 없기 때문이다. 한국의 어머니들이 지성이 부족하다거나 성품이 나쁘기 때문에 이런 현상이 벌어진 것은 결코 아니다. 한국의 어머니들이 이런 행태를 보이는 것은 한국의 사회문화가 그렇게 만들어져 있기 때문이다. 한국의 사회문화를 결정한 유교에서는 자기 집안만을 중시하라고 하지 다른 집안에 대해서는 공연히 간섭하고 나서지 말라고 가르친다. 여기서 '내 가족 유일주의' 혹은 '내 새끼 유일주의'가 나왔고 한국인들은 아직도 이 정신에 따라 살고 있다. 한 개인은 자신이 속한 사회의 문화를 넘어서기가 매우 힘들다. 그 대신 그들은 대부분 사회에서 제시하는 대로 산다. 예의 관습형 인간이 되는 것이다.

한국의 어머니들은, 다른 나라의 어머니들도 크게 다르지는 않지만, 자신의 존재기반을 자식들로 삼는 경우가 많다. 사는 이유가 자신에게 있는

---

* 이 표현이 얼마나 과장되어 있는지는 설명하지 않아도 알 수 있지 않을까? 눈에는 눈썹처럼 아주 작은 것이 들어가도 아주 아픈 법인데 그보다 수만 배나 클 법한 사람을 넣어도 아프지 않다고 하니 얼마나 과장된 표현인가? 이런 표현을 통해 우리는 한국의 어머니들이 얼마나 맹목적으로 자식을 대하는지 알 수 있다.

것이 아니라 자식들에게 있는 것이다. 왜 그럴까? 이에 대해서는 여러 가지 방법으로 설명할 수 있다. 한국 여성들이 이렇게 된 데에는 유교의 관습에 기인하는 바가 크다. 이에 대해 설명하기 위해 전통 사회로 돌아가 보자.

이전에 여자가 시집을 오면 주위에는 온통 적뿐이었다. 그렇지 않겠는 가? 며느리 주위의 어느 누구도 그의 편을 들어주지 않았다. 남편도 그의 부모 편이지 아내의 편에 설 수 없었다. 그러다 자식, 그중에서도 아들을 낳으면 그녀는 드디어 자기편이 되어줄 사람을 얻은 것이 된다. 이 자식을 지극정성으로 키워 내 편으로 만들어야 이 시집에서 인간답게 살 수 있는 기회가 생기는 것이다. 그러니 전통 사회의 어머니들이 아들들을 얼마나 공 들여 키우겠는가? 그래서 자식은 눈에 넣어도 아프지 않다고 말하는 것이다. 그렇게 키워진 자식들은 마마보이(혹은 마마걸)가 될 수밖에 없다. 그래서 그들은 장성한 다음에도 어머니 얘기만 나오면 눈물이 나오고 그 어머니를 신성시하게 되는 것이다.

이런 상태에 대해 심리학계에서는 학술 용어로 이 아이는 어머니에게 '삼켜졌다Engulfed'라는 표현을 한다. 이 아이는 어머니에게 꼼짝 못하게 된 것이다. 어머니에게 아주 어려서부터 간섭이 매우 강한 이기적인 사랑으로 융단폭격을 받았기 때문에 그 자식은 주체성이 없어졌거나 아주 미약하게 남게 된다. 그래서 아무리 성장을 해도 마마보이(마마걸)로 평생을 살게 된다. 이런 전통문화를 가진 한국인은 지금도 대체로 이런 상황에서 살고 있다. 사람마다 정도가 조금씩 다를 뿐 한국인은 거의 대부분 부모, 특히 어머니에 의해 주체성이 어느 정도든 훼손된 채로 사는 것이다. 이 때문

4. 부모는 나의 행불행을 좌우하는 절대적인 요인

에 한국인은 대개가 가벼운 신경성질환(노이로제)에 걸려 있다고 할 수 있다. 노이로제는 사람이 이런 환경에 있을 때 걸리는 병이다. 한국인은 그 정도가 사람마다 다를 뿐 대부분의 사람들이 이런 유의 만성질환에 걸려 있다.

지금까지 본 현상을 굳이 유교적 배경으로 설명하지 않고 인간이 갖고 있는 근본적인 충동의 시각에서 설명할 수 있는 방법도 있다. 쇼펜하우어나 니체가 주장한 것으로 알려져 있는데, 인간의 가장 근본적인 욕구는 '권력에의 의지Will to Power'이다. 이 주장을 받아들인다면 인간은 끊임없이 남을 지배하려는 성향을 갖는다는 것을 알 수 있다. 앞에서 본 것처럼 우리는 한국의 어머니들이 자식들을 '삼키는' 행위를 한다는 것을 알았다. '권력에의 의지'의 입장에서 보면 어머니들이 자식을 삼키는 행위는 자식을 통제하고 지배하기 위해서이다. 그러면 어머니들은 왜 자식들을 삼키려 할까? 남자는 사회생활을 하기 때문에 이 의지를 충족시킬 기회가 있는 반면 여자는 자신의 권력욕을 해소할 데가 별로 없다. 여자가 강력한 힘을 발휘할 수 있는 대상은 자기 자식과 남편밖에 없다. 남편보다 자식이 더 용이한 것은 자식은 그들이 무력한 시기인 어릴 때 세뇌시켜 자신의 밑에 둘 수 있기 때문이다. 남편 역시 그녀들의 거미줄에서 빠져나가기는 쉽지 않다. 특히 나이가 들면서 남자는 여성화 현상이 진행되어 아내의 손아귀에 들어가게 된다. 이런 과정을 통해 사람들은 부모, 그중에서도 어머니의 수중에서 벗어나지 못하고 살게 된다.*

----

* 남자들의 경우는 더 열악하다고 할 수 있다. 어렸을 때는 어머니의 손아귀에서 벗어

제목에서 '부모는 나의 가장 큰 적'이라고 한 것은 바로 이와 같은 이유에서이다. 부모는 좋은 부모이면 말할 수 없이 좋지만 이처럼 자식들의 주체(혹은 자주)권을 훼손하는 부모라면 큰 적이 되기 때문이다. 보통 큰 적이 아니라 가장 큰 적이라고 할 수 있다. 그런데 더 심각한 문제는 이 세상에 이런 문제를 어느 정도라도 알고 자식들을 제대로 교육시키는 사람이 별로 없다는 것이다. 이러한 상황은 계속해서 유전遺傳되는 것이라 무지한 부모는 무지한 자식을 만들고 그 자식은 성장해 또 무지한 부모가 된다. 악순환이 계속되는 것이다. 우리 주위를 보면 학벌이 최고인 사람들도 이런 문제에 부닥치면 아주 관습적인 태도를 보이고 아무것도 모르는 경우가 너무도 많다. 자기 부모를 객관적으로 보는 작업은 대단히 어려운 일이라 이것을 제대로 하는 사람이 없는 것이다. 그런데 객관적인 진리를 따질 때에는 시쳇말로 계급장 다 떼고 가장 객관적인 방법으로 해야 한다. 누가 부모이고 누가 자식인가를 다 잊고 인간 대 인간으로서만 판단해야 하는 것이다. 감정적인 것을 조금도 넣어서는 안 된다.

결론적으로 말하면 이 장에서 부모를 적으로 간주하라고 주장한 이유는 진짜 부모를 적으로 생각하고 싸우라는 것은 아니다. 다만 그 정도로 사안을 투철하게 보라는 뜻이다. 부모가 너무도 많은 영향을 끼쳤기 때문에 적과 싸운다는 비장함이 있어야 그 절대적인 영향에서 벗어날 수 있다는 뜻이다. 그렇지 않고 대충 하거나 적당히 해서는 절대로 성공할 수 없다는 것을 알아야 한다. 그런데 솔직히 말하면 나는 이 작업에 성공한 사람을 거의

───────────

나지 못하고 장년이 되면 아내의 손아귀에서 벗어나지 못하기 때문이다.

4. 부모는 나의 행불행을 좌우하는 절대적인 요인

보지 못했다. 그만큼 어렵다. 그러나 이러한 논의를 통해서 이 상황을 조금이라도 알게 된다면 그게 바로 해결의 실마리가 될 터이니 전적으로 낙담만 할 일은 아니다.

I. 일상 속 자아발견 실험

5

부모 평가하기

과연 부모는 나에게 어떤 생각을 심어주었을까?

앞에서 말한 것처럼 내가 내 자신으로 서기 위해서는 내 부모가 어떤 사람인지 아는 것이 필수적이다. 도대체 나에게 부모는 어떤 사람이었는지 알아야 하는 것이다. 물론 우리에게는 부모에게서 물려받은 유전자와 관계없이 선천적으로 지닌 것도 적지 않다. 굳이 말한다면 이것은 카르마Karma를 통해 내게 넘어온 것이다. 우리는 이 선천적인 것과 부모에게서 영향 받은 후천적인 것을 배합해서 이번 생의 인격을 만들어낸다. 학자들 사이에서는 이 선천적인 것과 후천적인 것의 비율이 어떠하냐를 놓고 설이 분분하다. 여기서 그 논쟁을 재연할 생각은 없다. 확실한 것은 인간은 누구나 부모로부터 지대한 영향을 받는다는 사실이기 때문에 여기서는 부모와의 관계에 대해서만 보겠다는 것이다.

　우리 부모를 파악하기 위해서는 우선적으로 해야 할 일이 있다. 그들이 어떤 가정에서 태어나고 성장했는지를 파악해야 하고 그들의 부모(내게는 조부모)들은 어떤 사람이었는지를 알아내야 한다. 그러니까 내 부모를 이해하기 위해서는 적어도 조부모의 집안 배경이나 성장 과정에 대해서 알아야 한다. 나를 형성한 것은 그 태반이 나의 부모에게서 주입되었듯이 나의 부모를 형성한 것은 그들의 부모에게서 왔을 것이다. 따라서 조부모에 대해서 알아야 내 부모를 이해할 수 있으니 이렇게 할 수밖에 없는 것이다. 그런데 이것은 힘든 작업이다. 많은 공부가 되어 있지 않으면 이 작업은 가능하지 않다. 이 작업을 제대로 하려면 심리학이나 정신분석학, 종교학에 대해 꽤 많은 지식이 필요하기 때문에 그 일은 전문가에게 맡기고 여기서는 일반인도 할 수 있는 기본적인 분석만 해보자. 이것만 제대로 해도 우리의 부모를 입체적으로 이해할 수 있다.

내 부모는 과연 어떤 사람인가를 알려 할 때 쓸 수 있는 가장 간단한 방법은 내 부모가 '다른 사람을 어떻게 대하는가'를 보는 것이다. 무엇을 보아야 한다는 것일까? 이때 가장 중요한 핵심은 내 부모가 다른 사람을 대할 때 그 사람을 하나의 인격으로 얼마나 솔직하게 대하느냐는 것이다. 그러니까 다른 사람을 수단이나 대상으로 대하지 않고 하나의 주체로서 진실하게 대하느냐는 것이다. 이것은 그들이 '인간을 얼마나 신뢰하느냐'라는 문제와 직결된다. 사람이 사람을 신뢰하지 않으면 그것은 매우 불행한 일이다. 이 문제는 그들이 다른 사람을 얼마나 배려하는가와 직접적으로 연관되어 있다. 다른 사람을 배려하는 사람은 기본적으로 다른 사람을 신뢰하는 사람이다. 다른 사람을 신뢰할 수 있는 것은 그가 부모와 같은 중요한 타자Significant Others로부터 신뢰를 받고 성장했을 때에만 가능하다.

이런 사람은 다른 사람의 사정을 헤아려서 자신의 입장에서만 보지 않고 상대방의 입장에 서려고 노력한다. 자기 입장이 아니라 다른 사람의 입장에 서서 이해하려고 노력하는 정도는 그 사람의 인격이 갖고 있는 성숙의 정도와 비례한다. 성숙한 사람일수록 다른 사람의 입장, 더 나아가서는 공동선의 입장에서 사람을 보고 사안들을 평가하려고 한다. 그에 비해 미성숙한 사람은 모든 것을 자기 입장에서만 보려고 온갖 애를 쓴다. 자기밖에 모르는 것이다.

성숙한 사람은 항상 언행이 일치하고 다른 사람이 없을 때에 결코 그를 험담하지 않는다. 다른 사람에 대해 칭찬은 하지만 그 사람이 없다고 나쁜 소리는 하지 않는다. 그리고 자기가 한 말에 대해서는 그것을 지키려고 노력을 기울인다. 한마디로 약속을 잘 지킨다. 아주 사소한 약속이라도 잘 지킨다. 불가피하게 약속이 깨졌을 때에는 빨리 그 사실을 알려 상대방에게 가능한 한 피해가 적게 가게 하고, 약속을 못 지키는 데에 대해서 크게 미안한 감정을 갖는다. 그래서 이런 사람은 다른 사람에게 확신을 주는 말을 별로 하지 않는다. 한번 약속을 하면 꼭 지켜야 하기 때문에 말이 신중해지는 것이다. 그렇다고 말을 불확실하게 하는 애매한 태도로 다른 사람을 힘들게 하지는 않는다. 할 수 있는 일에 대해서는 명확한 확신을 주지만 못할 수도 있는 일에 대해서는 매우 신중한 태도를 취한다. 그래서 『논어』에도 '군자는 말은 느리지만 행동은 빠르다'라는 말이 있는 것이다.

이 이야기와 관련해서 도산 안창호 선생의 일화가 있다. 도산은 한 소녀에게 선물을 준다는 약속을 했다. 그 날짜가 되어 약속 장소로 나가려 했는데 일경이 마침 그 소식을 접하고 선생을 체포하려 했다. 그런 정보를 알았지만 도산은 소녀와의 약속 때문에 체포당할 것을 각오하고 그곳으로 갔다. 도산이 체포당하고 투옥된 것은 당연한 일이다. 진인眞人은 자신이 한 말에 대해 책임을 진다. 도산은 높은 종교적 경지에 도달한 진인은 아닐지 모르지만 인격이 대단히 성숙한 사람으로 정평이 나 있다. 인격이 높은 사람은 자존감이 높아 자기가 일단 약속한 것은 지키는 것이다. 이런 사람은 다른 사람을 대할 때 그를 있는 힘껏 높인다. 그의 좋은 점만 보려고 한다. 『논어』에서 말하는 '군자성인지미君子成人之美', 즉 '군자는 사람을 아름답게 한다'는 것이 그것이다.

어떤 사람이 다른 사람을 어떻게 대하는지를 보고 그의 인격을 평가해야 하는 이유는 무얼까? 그것은 다른 사람을 대하는 태도가 바로 내가 나를 대하는 태도이기 때문이다. 더 쉽게 말하면 사람은 내가 나를 대하듯이 다른 사람을 대한다는 것이다. 그러니까 그 사람이 다른 사람을 어떻게 대하는지를 안다면 그 사람이 자신을 어떻게 생각하는가를 알 수 있다. 만일 어떤 사람이 다른 사람을 함부로 대한다면 그것은 그가 자기 자신을 별로 존중하지 않는다는 것을 의미한다. 자신을 존중할 줄 아는 사람만이 다른 사람을 존중하기 때문이다. 다른 사람을 업신여기고 자기만 잘났다고 하는 사람은 자신을 대단한 존재로 생각하는 것 같지만 사실은 자신도 하찮게 생각하는 것이다. 어떤 사람이 다른 사람을 깔보고 배려심이 없다면 그것은 그가 성장하는 과정에서 주위로부터 그런 대우를 받았다는 것을 의미한다. 이런 사람은 자존감이 없는 사람이다.

바로 이런 잣대를 가지고 우리는 우리의 부모를 엄중하게 살펴야 한다. 내 부모는 주위의 이웃들과 진실한 관계를 맺고 있는지 혹은 자신이 한 약속을 얼마나 잘 지키는지에 대해 따져야 한다. 부부 사이의 관계는 어떤지도 살펴야 하고, 나를 포함한 자식들에 대해서 공정한 대우를 하고 있는지 등등에 대해 면밀히 보아야 한다. 이럴 때는 부모를 부모로 보지 말고 철저하게 남으로 대해야 한다. 진리의 영역에서는 어떤 '봐줌'도 있어서는 안 되기 때문이다. 이런 맥락에서 예수가 한 이 말은 대단히 유효하게 들어맞는다. "내가 세상에 평화를 주러 왔다고 생각하지 마라. 평화가 아니라 칼을 주러 왔다. 나는 아들이 아버지와, 딸이 어머니와, 며느리가 시어머니와 갈라서게 하려고 왔다. 집안 식구가 바로 원수가 된다"(마태복음 10:34~11:1). 우리는 이처럼 진리 앞에서는 부모 자식 간도 원수, 즉 적이 될 수 있다는 것을 명심해야 한다.

내가 여기서 부모를 적으로까지 간주하라고 한 것은 그 나름의 이유가 있다. 즉, 한국 같은 유교적 가부장제의 사회에서는 부모가 특수한 위치에 있어 적으로 생각해야 그들을 평가할 때 객관적일 수 있다는 것을 강조하기 위함이다. 앞에서도 말했지만 유교적 가부장제에서는 부모와 그들이 하는 일은 무조건 좋게 봐주는 폐해가 있기 때문에 그렇게 강하게 나가라고 한 것이다. 그런 식으로 부모를 공정하게 평가해서, 만일 그들이 대의나 보편적 덕목에 맞지 않는 행동을 했다면 차갑게 그 불의를 끊어야 한다. 부모라고 적당히 설렁설렁 지나가면 안 된다. 불교에서 말하는 금강저金剛杵(금강공이)나 금강검 같은, 세상에서 가장 강한 무기로 그 잘못된 면을 사정없이 내리쳐야 한다. 부모와의 인연은 워낙 강해 그렇지 않으면 그 잘못된 인연의 끈을 끊기 힘들다.

나의 부모를 엄하게 대해야 하는 데에는 또 다른 중요한 이유가 있다. 나와 부모를 연결하고 있는 잘못된 끈을 모질게 끊지 않으면 부모로부터 내재화된 나쁜 성향들을 그대로 자신의 자식들에게 물려주게 된다는 것이 그것이다. 이게 바로 그 무서운 윤회의 사슬이다. 무지하기 때문에 악이 계속해서 유전하는 것이다. 이것을 끊는 것은 대단히 힘든 일이다. 그래서 대부분의 사람들은 실패한다. 아니, 실패한다고 하기보다 무엇이 문제인지도 모르기 때문에 문제를 해결하려는 시도조차 하지 않는다고 하는 게 더 정확한 표현일 듯싶다. 무지란 이래서 무서운 것이다. 문제가 무엇인지 알아도 풀기 힘든 판에 문제 자체를 모르니 푸는 일은 날 샌 일이 되는 것이다.

이런 반조返照, Reflective적인 사고를 전혀 못하는 사람들도 나이가 차면 관습에 따라 그냥 결혼을 한다. 결혼을 하는 거야 문제가 될 건 없다. 외로움이나 성욕을 달래기 위해서 결혼하는 것은 문제가 아니라는 것이다. 문제는 부모가 될 준비나 역량이 안 되어 있는 사람들이 결혼해서 아이를 낳는 것이다. 결혼을 하면 그들은 당연히 성교를 할 것이고 성교를 하면 수정이 될 것이다. 그렇게 임신된 아이를 별 생각 없이 출산할 것이다. 그저 남들 하는 대로 따라 하는 것이다. 그런 다음 그들은 아무 생각 없이 자신이 부모에게서 받은 똑같은 어리석음을 자식들의 머리에 심어줄 것이다. 이게 바로 인간 사회의 비극이다.* 무지의 윤회 바퀴가 구르고 또 구른다. 이 바

---

* 나는 결혼하는 사람들을 대상으로 '결혼국가자격고시' 같은 것을 만들어야 한다고 그동안 혼자 주장해왔다. 결혼 생활을 어떻게 해야 하는지, 혹은 아이들은 어떻게 키워야 하는 것인지 등등에 대해 아무 지식도 없이 결혼하는 것은 대단히 위험한 일이다. 그래서 국가에서 이런 주제에 대해 공부를 시키고 시험을 보게 해 이 시험에 합격한 자만이 결혼을 할 수 있게 하자는 것이 이 고시의 취지이다. 이전의 전통 사회에서는

I. 일상 속 자아발견 실험

퀴를 세우게 할 수 있는 힘은 과연 없는 것인가?

앞에서 나는 부모들이 그렇게 미성숙하게 구는 것은 그들도 그런 대접을 받으면서 성장했기 때문이라고 했다. 그들도 어쩔 수 없었던 것이다. 그렇다고 해서 그들의 책임이 없어지는 것은 아니다. 그들에게는 자신의 인생을 관조하려고 노력하지 않은 죄(혹은 과오)가 있는 것이다. 사실 죄 중에는 이 무지의 죄가 제일 큰 것이다. 이처럼 모르고 짓는 죄는 알고 짓는 죄보다 그 과보가 더 막중하다고 앞에서 이야기한 바 있다.

예 하나를 들어보자. 서양 중세에 페스트에 대한 무지 때문에 어이없는 일이 있었다. 페스트는 전염병이라 환자는 무조건 격리해야 하며, 아직 발병이 안 된 사람 중에도 어떤 사람이 균을 갖고 있는지 모르기 때문에 사람들이 모여 있게 하면 안 된다. 그런데 당시 사람들은 전염병이 어떤 것인지를 몰라 당혹스럽게도 페스트 퇴치를 위해 사람들을 교회로 오게 했다. 페스트를 없애달라고 함께 신께 기도하자는 취지였다. 결과는 안 봐도 뻔하지 않은가? 페스트에 아직 감염이 안 된 사람까지 다 감염되었을 것이니 말이다. 그들은 그렇게 병에 걸려 죽어나가면서도 왜 이런 일이 생기는지 몰랐다. 무지가 생사람까지 잡은 것이다.

우리가 자아발견을 위해 먼 길을 떠날 때 공부가 필요하다는 것은 바로 이것 때문이다. 그냥 사랑이나 자비만으로는 안 된다. 기독교에서 말하는 것처럼 예수님이 당신을 사랑하니 당신도 남을 사랑하면 된다고 하는 것

이런 교육이 가족 안에서 다 이루어졌는데 이제는 그런 관행이 사라졌으니 국가라도 나서서 해야 될 것 아닌가 하는 생각을 해본다. 물론 이 제안은 성사될 가능성이 전무하다.

으로 문제가 풀리는 것이 아니다. 사랑만 있으면 위험할 수 있다. 그런 사랑을 우리는 할머니 사랑, 영어로는 'Granny Love'라고 한다. 할머니는 아무것도 따지지 않고 무조건 주는 사랑의 대명사이다. 반성反省, Reflective Thinking이 없고 훈련이 없다. 손주가 해달라는 대로 다 해준다. 이런 사랑을 받은 아이는 자신의 자아를 제대로 건립할 수 없다. 이런 아이는 매우 의존적이고 신경질적인 성향을 갖게 되어 불행한 삶을 살게 된다. 이 세상에는 할머니처럼 자신에게 무조건적인 사랑을 베풀 사람이 없기 때문에 이런 아이는 항상 세상에 불만을 갖는다. 자기가 원하는 대로 받지 못하기 때문이다. 이런 사랑을 받고 성장한 사람은 연애를 하거나 결혼을 하면 끊임없이 상대방에게서 받을 생각만 한다. 주는 훈련은 받은 적이 없어 줄 생각을 하지 못하는 것이다. 혹여 주더라도 반드시 그 대가를 요구한다.

사정이 이렇기 때문에 불교에서는 자비를 말할 때 항상 지혜를 같이 말해왔다. 지혜와 자비 중 어느 하나만 있으면 탈을 일으키기 쉽다. 자비만 베풀면 앞에서 말한 문제가 생긴다. 반면 지혜만 말하면 그럴 때에는 온정이 없다. 지혜만으로는 사람을 바꾸지 못한다. 사실 따져보면 '지혜 없는 자비'는 진정한 자비가 아니고 '자비 없는 지혜' 역시 진정한 지혜가 될 수 없다. 이유는 간단하다. 진정한 지혜가 생기면 다른 사람을 사랑하지 않을 수 없기 때문이다. 왜 그렇다는 것일까? 사람이 진정한 지혜를 얻게 되면 모든 것이 하나로 연결되어 있다는 것을 깨닫게 된다. 모든 것이 나이고 하나이기 때문에 그것을 깨달은 사람은 모든 것을 아끼고 사랑하게 된다. 따라서 다른 사람에게 무엇을 베푸는 것은 나에게 베푸는 것과 같은 것이다. 사랑은 다른 사람만을 위해서 베푸는 것이 아니다. 사랑은 나와 다른 사람을 모두 완성시켜준다. 이런 지혜를 갖게 된 사람은 보살이 되어 자연스럽게 다른 사람을 사랑한다. 지혜로 방향이 잡히지 않은 사랑은 사랑이 아니라 독이 된다. 그런 사랑은 사랑을 안 하는 것보다 더 나쁘다.

6

사랑은 거의 불가능한 것!

이제 그 말 많은 사랑에 대해서도 한번 살펴볼 때가 된 것 같다. 사람들은 남에게 '사랑한다'라고 말을 많이 하지만 조금만 더 생각해보면 그게 그렇게 간단한 것이 아니라는 것을 알 수 있다. 지구상에 있는 모든 종교에서는 다른 사람을 사랑하라고 가르친다. 그때 말하는 사랑은 그저 그런 사랑이 아니라 무조건적인 사랑이다. 그런데 그게 간단한 일이 아니다. 우리가 지금부터 사랑하겠다고 다짐을 한다고 갑자기 사랑을 시작할 수 있는 것이 아니다.

앞에서도 말했지만 사람은 자신이 받은 만큼만 줄 수 있고 대접받은 대로만 행동하게 되어 있다. 내가 다른 사람을 대하는 태도는 다른 사람이 나에게 행한 태도를 그대로 복제하는 것뿐이다. 이것은 예외가 있을 수 없다. 세속적인 의미에서든 종교적인 의미에서든 사랑할 수 있는 사람은 이미 한정되어 있다. 사랑이 가능한 사람은 사랑을 제대로 받은 사람에 한하기 때문이다. 누구로부터든 사랑을 받아보지 못한 사람은 절대로 남을 사랑할 수 없다. 그렇지 않겠는가? 매일 자신의 아버지로부터 '너는 못난 놈이다. 너 같은 놈은 세상에 태어나지 말았어야 했다. 너를 낳은 내가 병신이고 죄인이다'라는 말을 듣고 큰 사람이 어떻게 다른 사람을 사랑할 수 있겠는가. 이런 말을 듣고 큰 사람은 자신을 그렇게 못나고 하찮은 사람으로 인식하고 있을 터인데 어떻게 다른 사람을 사랑할 수 있겠는가. 그가 아무리 그런 이미지에서 벗어나려 해도 그것은 불가능하다. 다른 기회에 외부로부터 큰 사랑을 경험하기 전까지는 말이다. 그러나 이러한 일은, 절대로 일어날 수 없는 일은 아니지만 일어날 가능성이 그다지 높지 않다.

이러한 맥락에서 우리 같은 보통 사람이 다른 사람을 사랑할 수 있으려면 먼저 그 같은 사랑을 받아야 한다는 것을 알 수 있다. 이 사랑은 누구에게 받든 문제가 되지 않지만 가능하면 부모에게 먼저 받아야 한다. 부모에게 먼저 받되 특히 아기일 때부터 사랑을 듬뿍 받는 것이 제일 좋다. 사춘기가 지나 받는 사랑도 좋지만 영향력 면에서 아기 때에 받는 사랑에 견줄수 없다. 한 사람의 행·불행을 좌지우지하기 때문이다. 그 가운데에서도 특히 어머니의 역할이 크다.

한 사람이 진정한 사랑을 할 수 있으려면 특히 어머니에게 어릴 때부터 진정하고 좋은 사랑을 받아야 한다. 이때 말하는 어릴 때란 세상에 나온 직후부터라고 보아도 무방하다.* 갓 세상에 나온 때부터 어머니가 진정으로

---

* 여기서는 아기가 세상에 나온 직후라고 했지만 사실 정확히 말하면 임신을 계획하고 임신하는 작업을 수행해서 그 결과 임신이 되어 약 10개월 동안 지속되는 기간 등이 모두 이 어릴 때에 해당한다고 할 수 있다. 그러니까 여성이 결혼 초에 미래에 생기게

자신의 아기를 예뻐하고 사랑하면 아기는 아직 자의식이 없어 그 사랑을 인지하지는 못하지만 감정으로는 아기의 무의식적인 기억에 각인이 된다. 예를 들어 어머니가 진정으로 아기의 탄생을 축하하고 기뻐하면 아기는 감정적으로 자신이 이 세상에 받아들여졌다는 사실을 깨닫고 안도의 느낌을 가질 것이다. 그리고 이 편안함은 아기의 인격 형성에 많은 도움을 줄 것이다. 그렇지 않고 어머니가 아기에 대해 탐탁지 않은 감정을 가지면 아기는 그때부터 세상으로부터 배척당하는 느낌을 가질 가능성이 높다.

　사람들은, 특히 어머니들은 이런 말을 들으면 '나는 진정으로 내 아기의 탄생을 축하했고 나는 내 아기를 진정으로 사랑한다. 따라서 내게는 그런 문제가 있을 수 없다'고 할지도 모른다. 그러나 그런 말들은 전혀 의미가 없다. 여기서 진정으로 문제가 되는 것은 그 어머니가 자신의 어머니(아기의 할머니)로부터 진정한 사랑을 받았는가이다. 그가 그런 사랑을 받았다면 그 사랑을 몸이 알아서 표현한다. 그래서 굳이 사랑한다고 말을 할 필요도 없다. 무의식(몸)에서 먼저 알아서 다 전해주기 때문이다. 이 어머니가 자신이 아기를 낳아 기뻤다고 할지 모르지만 그것은 그냥 감정적이거나 표층적인 것에 지나지 않을 수 있다. 중요한 것은 앞서 말한 것처럼 그가 그의 (부)모로부터* 어떤 사랑을 어떻게 받았는가이다. 그가 받은 대로 그

될 자신의 아이에 대해 어떤 생각을 갖느냐가 중요한 것이라는 것이다.
* 여기서 아버지를 나타내는 부를 괄호에 넣어 (부)라고 쓴 것은 아무래도 아버지의 사랑은 어머니의 그것에 비하면 중요도 면에서 떨어지기 때문이다. 그렇지 않겠는가? 어머니는 아기를 10개월 동안 배 속에 품고 있었을 뿐만 아니라 그 뒤에도 오랜 기간 가슴에 안고 젖을 먹이고 또 재우니 그 신체적인 그리고 감정적인 친밀도는 아버지

86
I . 일상 속 자아발견 실험

리고 받은 만큼만 자식에게 전달되기 때문이다. 여기에는 조금도 오차가 있을 수 없다. 마음에 없던 사랑이 갑자기 솟아나오는 경우도 없고 있던 사랑이 느닷없이 사라지지도 않기 때문이다. 이 면에서 인간 사회는 대단히 정확하다.

이런 의미에서 개신교에서 지금 횡행하고 있는 이상한 노래를 다시 생각해볼 필요가 있다. 이 노래는 "당신은 사랑받기 위해 태어난 사람. 당신의 삶 속에서 그 사랑 받고 있지요"로 시작하는데, 이 노래가 듣기에는 달콤할지 모르지만 가만히 생각해보면 그 내용이 대단히 허무맹랑하다는 것을 알게 될 것이다. 이 노래를 만든 사람은 우선 세상의 엄중함을 알아야 했다. 누차 말한 것처럼 어느 누구도 공짜로 당신을 사랑해주지 않는다. 당신이 받는 사랑은 당신이 준 만큼만 돌아온다는 현실을 직시하자. 교회에서는 예수나 신이 당신을 사랑한다고 할 테지만 당신이 무엇을 했다고 예수나 신으로부터 사랑을 받을 것이라고 생각하는가? 왜 신이 당신을 사랑한다고 믿는가? 도대체 당신이 그럴 자격이 있다고 생각하는가? 신이 당신을 사랑할 거라고 믿는 것은 이기주의의 연장일 뿐이다. 게다가 신이건 예수건 그들의 사랑은 추상적인 것이다.

사랑은 내 머릿속에만 존재하는 이미지에서 오지 않는다. 사랑은 구체적인 사람에게서만 나올 뿐이다. 다시 말해 내가 사랑을 느끼려면 우리 주위의 누군가가 직접 사랑을 해주어야 한다. 내 옆에 있는 존재에게서 느끼는 사랑 이상의 사랑은 없다. 교회에 가서 신의 사랑을 처음으로 느끼고 새

의 그것과는 비교할 수가 없을 것이다.

사람으로 거듭났다고 할 때에도 거기에는 반드시 주변 사람이 개입된다. 그 거듭난 사람이 느끼는 사랑은 목사든 누구든 주변 사람으로부터 오는 것이지 마음속의 이미지인 신이나 예수로부터 오는 것이 아니다. 한 실화를 예로 들어보자. 일본의 어떤 야쿠자가 참회하고 독실한 기독교인이 되었다고 한다. 그런데 이 사람에게는 기독교 신앙이 아주 독실한 한국인 아내가 있었다고 한다. 이 전직 야쿠자가 기독교인이 될 수 있었던 것은 신앙심 깊은 아내의 사랑에 힘입은 것이지 신이나 예수로부터 온다고 하는 사랑 때문이 아니었던 것이다. 이렇듯 사랑이란 구체적으로 특정한 사람에게서 오는 것이다.

그런데 교회에서는 왜 이런 허황된 이야기를 할까? 간단하다. 그래야 사람들이 교회에 나오기 때문이다. 그런 이야기를 하는 목사도 자신이 하는 말이 허황된지 모르고 그것을 듣는 신자들도 그게 허황된지 모르고 그냥 믿어버리는 것이다. 흡사 아편에 취한 것처럼 서로를 속고 속이는 것이다. 이럴 때는 마르크스가 말한 '종교는 인민의 아편이다'라는 이야기가 딱 어울린다. 목사가 자신도 확신하지 못하는 이야기를 한껏 부풀려서 신자에게 주입함으로써 그들이 공상空想에 빠져 허황된 쾌락을 추구하게 하니 말이다. 왜 허황되다고 하는 것일까? 자신이 신으로부터 사랑을 받는다는 이야기를 들었을 때는 얼떨결에 좋았지만 정작 자기 생활은 하나도 변하지 않았기 때문이다. 아편을 맞으면 그때만 좋을 뿐 생활의 변화는커녕 더 악화되는 것처럼 말이다.

이렇게 보면 우리가 사랑을 받을 곳은 부모밖에 안 남는다. 그런데 부모 사랑은 무엇이라고 했는가? 앞에서 부모 사랑은 자기애自己愛의 연장일 뿐이라고 했다. 그리고 부모가 줄 수 있는 사랑 역시 그들의 부모로부터 받은 방식대로만 줄 수 있는 사랑이고 또 받은 만큼만 줄 수 있는 사랑임을 잊어서는 안 된다. 그러니 이 사랑 역시 그리 순수한 것이 아니고 강도도 그리 높지 못하다. 사정이 이렇다면 종교에서 말하는 순전한 사랑은 존재하지 않는다고 보아야 하지 않을까? 종교에서 말하는 무조건적인 사랑은 존재할 수 없는 상황으로 판명되었으니 말이다. 그래야 이 엉망인 세상이 설명이 된다. 진정한 사랑이라는 게 조금이라도 있으면 세상이 이렇게 엉망으로 돌아가지는 않을 것이다.

나는 이 장의 제목을 '사랑은 거의 불가능한 것'이라고 했는데 그것은 지금까지 본 사랑의 생리 때문이었다. 우리는 사랑을 받아야 줄 수 있는데 우리에게 사랑을 준 사람은 또 누구에게서 그것을 받아야 한다. 그렇게 해서 논리적으로 끝까지 가면 최초에 사랑을 전한 사람은 사랑을 남에게서 받지 않아도 남을 사랑할 수 있는 사람이어야 하는데 이게 불가능하다는 것을 지금껏 보았다. 그런 의미에서 (진정한) 사랑은 불가능한 것이라고 말한 것이다. 이런 논리적인 추론은 실제의 세계를 무시한 공념空念이라고 할 수 있지만 그만큼 사랑이라는 게 실현하기 어렵다는 의미에서 이런 추정을 해본 것이다.

이처럼 사랑이 애당초 불가능한 것이라는 생각이 들었다면 우리는 빨리 깨달아야 할 것이 있다. 우리가 하고 있는 사랑은 모두 자기애일 뿐이라는 것을 말이다. 그런 현실을 인정하고 비록 우리가 사랑을 할 수 있는 처지는 아니지만 '그런 상황에서 우리는 우리의 인격적 성숙을 위해 무엇을 할 수 있을까'에 대해 생각해보아야 한다. 여기서 우리가 사랑의 부조리한 점을

89
6. 사랑은 거의 불가능한 것!

깨달았다는 것은 그 자체로도 큰 진전을 이룬 것이다. 이런 문제점을 알았으니 이제는 그 문제를 풀 수 있는 가능성이 보이기 때문이다. 가능성이 얼마나 되는지는 잘 모르겠지만 아무리 가능성이 적어도 이제 문제를 알고 있으니 이 문제를 풀 수 있는 기회가 생긴 것이다. 이런 사정을 알고 난 연후에야 진실한 사랑을 하기 위해 노력할 수 있지 않을까 싶다.

7

어려운 관습 타파하기

우리가 사회로부터 주입된 것을 넘어서기 위해 해야 할 일 중 하나는 사회 관습에서 벗어나는 일이라고 했다. 어렵게 말할 것 없이 이것은 남들이 하는 대로 따라가지 않는 것이다. 더 쉽게 말하면 줏대를 지키는 일이다. 이 것은 대단히 자연스러운 일이다. 사람을 포함한 모든 생명은 자기이고 싶어 하지 남이 되고 싶어 하지 않기 때문이다. 세상의 모든 것은 다 고유하지 않은가? 하늘에서 내리는 눈도 그 결정 하나하나가 모두 다르다고 하지 않은가? 또 우리의 손에 있는 지문도 사람마다 모두 다르다고 한다. 이렇듯 우리 모두는 고유한 존재이다. 따라서 자기이기를 거부하고 남이 하는 것을 따라 한다면 그것은 자연을 거스르는 일이다.

그런데 사람들은 '자신이 되는' 자연스러운 일을 하지 않는다. 그 대신 남을 따라 하기를 좋아한다. 왜 사람들은 자신이 되기를 거부하고 남을 흉내 내는 것을 좋아할까? 아니, 반드시 좋아해서 그런 것은 아닐 것이다. 그보다는 단지 그 길이 쉬우니까 가는 것뿐일 것이다. 남들 하는 대로 따라 하면 세상 사는 게 아주 편해진다. 따로 생각할 필요가 없기 때문이다. 우리는 중국집에 가서도 짜장면과 짬뽕을 두고 무엇을 먹을지 결정을 못 내리고 다른 사람이 무엇을 먹나 눈치를 살핀다. 결정하는 일이 그렇게 힘든 것이다. 그래서 그저 남들을 따라가는 것이다.

혼자 독자적으로 결정하는 게 더 힘든 것은 자신이 결정했을 때 그 일에 대해 책임을 져야 하기 때문이다. 남들이 하는 대로 따라 했을 때에는 일이 잘못되었을 경우 남을 탓하면 되지만 혼자 한 일은 누구에게도 책임을 전가할 수 없다. 그러니까 자기 길을 가는 사람들은 자유롭긴 하지만 책임이나 의무까지 져야 하기 때문에 그 나름대로 구속을 받는 길을 가는 것이라 할 수 있다.

이런 까닭에 대부분의 사람들은 사회에서 제시한 관습을 그대로 답습한다. 그냥 묻어가면 편하고 문제 될 여지가 없기 때문이다. 또 어떤 상황에서 무엇이 잘못됐는지를 깨달을 만한 지성을 갖춘 사람도 흔하지 않다. 상황을 정확하게 이해하려면 상당한 지성이 필요한데, 이때의 지성은 그 사람의 학력이나 사회적 지위와 아무 상관이 없다. 공부를 제일 많이 했다는 대학교수들 가운데도 이 지성이 없는 사람들이 많다.

대학교수와 관련해서 선가禪家에는 이런 이야기가 전해온다. 어떤 교수가 선사를 찾아와서 선을 가르쳐달라고 했다. 그러자 선사는 답은 안 하고 찻잔에 물만 부었다. 물이 넘쳐도 선사가 계속해서 부어대니, 교수가 황급히 찻잔이 꽉 찼다며 그만 부으라고 소리쳤다. 그러자 선사는 '당신의 머리가 이렇게 (다른 사람의 생각으로) 꽉 차 있는데 어떻게 선을 가르쳐줄 수 있겠느냐고 답했다. 선을 배우려면 먼저 머리를 비우고 오라는 것이었다.

이렇게 다른 사람의 생각이 머리에 꽉 찬 사람은 대학교수만은 아니다. 사실 우리는 모두 이런 상태에 있다. 다만 대학교수의 머리에는 보통 사람들보다 다른 사람들의 생각이 더 많이 들어 있고 그 생각에 대한 아집이 더 강하기 때문에 나온 이야기다.

비슷한 이야기는 도가 사상에서도 발견된다. 그 가운데 가장 대표적인 것은 『장자』「경상초庚桑楚」 편에 나온다. 남영주라는 제자가 노자에게 도를 물으러 왔다. 그러자 노자는 대뜸 '당신은 혼자 오지 왜 여러 명과 같이 왔느냐'고 물었다. 놀란 남 씨가 황급히 뒤를 돌아보았지만 물론 혼자 왔으니 누가 있을 리가 없었다. 그 뒤로 노자의 가르침이 장황하게 이어지는데 그 뒤의 이야기를 다 거론할 필요는 없다. 남 씨가 여러 명을 데리고 왔다는 것은 실제로 누구를 데려왔다는 것이 아니라 그의 머릿속에 들어 있는 다른 사람의 생각을 말한다. 앞에서 본 교수의 예에서처럼 머리에 남의 생각만 있다면 도를 아는 것이 불가능하게 된다. 우리가 다른 사람의 생각에 의해 휘둘리는 한 깨닫는 것은 불가능한 것이다. 왜일까? 깨닫는 것은 독존獨存하는 것이기 때문이다. 우리는 스스로 설 수 있을 때에만이 깨달음에 가까이 갈 수 있는 것이다.

그런데 보통의 우리는 깨달음에 가까이 가기는커녕 일상생활에서도 줏대 없이 살고 있다. 우리가 얼마나 줏대 없이 사는가를 보여주는 우화로 이솝 이야기를 빼놓을 수 없다. 아버지와 아들이 당나귀를 데리고 가면서 겪는 이야기인데, 잘 알려진 대로 이 이야기는 이 부자가 주위 사람들이 하라는 대로 하다가 결국엔 당나귀를 짊어지고 가는 것으로 끝이 난다. 남의 소리만 듣다가 낭패가 난 것이다. 줏대 없이 살면 이렇게 된다는 것을 보여주는 이야기이로, 이것은 우리 대부분의 모습이지 꼭 덜떨어진 사람의 모습은 아니다. 이 이야기를 듣고 자기 자신을 바라보아야지 다른 사람을 바라보면 안 된다. 그러니까 '나는 그 정도는 아니다'라고 생각하지 말고 '나는 어떤 면에서 어떻게 줏대가 없을까'를 생각하라는 것이다.

이 우화를 통해 내가 전하고 싶은 것에는 자신을 그리 특수한 존재로 생각하지 말라는 것도 포함된다. 우리는 자신만은 남들하고 다르다는 생각을 많이 한다. 그래서 남들과 다른 존재라는 것을 과시하기 위해 이상한 짓을 한다. 그 이상한 짓 중에 대표적인 게 사치다. 사치란 정말로 쓸데없는 일이다. 우리의 몸이나 영혼에 도움이 될 것은 하나도 없다. 비싼 목걸이를 하고 명품 시계를 찼다고 건강이 좋아지거나 머리가 맑아지는 것은 아니지 않은가? 그런데 우리는 왜 사치를 할까? 나는 남들하고 다르다는 것을 과시하고 싶은 것이다. 물론 나는 이 정도의 재력이 있다는 것, 즉 우월하다는 것을 보여주는 것도 있지만 기본적으로 사치는 자기는 남들과 다르다는 것을 뽐내고 싶은 심정에서 나온다. 그러나 어떤 사람이 누가 사치를 한다는 것은 그 역시 남들과 다른 게 없음을 방증한다고 할 수 있다. 다른 게 없으니 특수한 것을 억지로 만들려고 하는 것이 사치 아니겠는가? 자기만의 내용과 개성이 있는 사람은 굳이 다른 일을 할 필요가 없다. 가만히 있어도 그는 다른 사람과 다르기 때문이다.

아울러 말하고 싶은 것은 사람들의 사치 행태를 보면 상당히 관습적인 태도가 엿보인다는 것이다. 사치를 부리는 것이 자신만의 개성을 뽐내는 것 같아 탈관습적인 태도처럼 생각될지 모르지만 여기에서도 관습에 얽매여 있는 모습을 발견할 수 있다는 것이다. 사치를 하는 사람들의 태도를 보면 일정한 명품을 고집하는 등 어떤 패턴이 있는 것을 알 수 있다. 그들의 수입에 따라 애용하는 사치품의 품목이 결정되어 있으니 그렇게 말할 수 있을 것이다. 결국 다시 남들 하는 대로 따라 하는 것이다. 자신이 특수하다는 것을 과시하고 싶었는데 결국은 관습적인 데에 머물게 된 것이다. 관습에서 벗어나는 것은 그만큼 어려운 일이다.

이번에는 눈을 조금 돌려 우리 사회의 다른 부문에서 사람들의 관습적인 태도가 어떻게 나타나고 있는지 알아보자. 내 생각에 우리 주위에 관습형 인간들이 대다수 포진하고 있다는 것을 가장 잘 알 수 있게 해주는 곳은 종교계가 아닐까 한다. 한국인들은 현재 인구의 절반 이상이 어떤 한 종교를 믿고 있는데, 그들의 신앙생활 행태를 보면 대단히 인습적인 것을 알 수 있다. 그들이 교회나 절에서 가르치는 것을 비판하지 않고 거의 그대로 받아들인다는 점에서 그렇게 말할 수 있는 것이다. 가령 교회에서 처녀가 아이를 낳았다고 해도 받아들이고 예수의 어머니인 마리아가 승천을 했다는 새로운 교리를 만들어도 별 의심 없이 잘도 믿는다.

처녀가 애를 낳았다는 것은 물론 예수의 어머니인 마리아가 남자와 어떤 성적인 관계도 없이 아이(예수)를 낳았다는 것을 말한다. 이것이 어떻게 가능하냐고 물으면 신도들은 보통 하느님(하나님)이 하시는 일은 '위대하고 은밀해' 우리 피조물들은 그 큰 뜻을 헤아릴 수 없다는 '턱도 없는' 대답을 한다. 그러면 그 답을 들은 기독교에 갓 입문한 신자들은 의문을 바로 접고 이 교리를 믿는다. 마리아 승천에 관계된 교리도 그렇다. 이것은 가톨릭교에서만 통용되는 교리인데, 예수가 부활한 뒤 잠시 지상을 다니다가 하늘로 올라갔듯이 마리아도 육신으로 죽은 것이 아니라 그 육신을 가지고 하늘로 올라갔다는 교리이다. 이런 이야기들은 대단히 허황되지만 바티칸에서조차 인정한 교리인 것을 잊어서는 안 된다. 사람들이 이런 황당한 교리를 믿게 되는 것은 그들이 전형적인 관습형 인간이기 때문이다. 관습형 인간들은 그저 남들이 하는 대로 따라가는데, 특히 많은 사람들이 하는 것을 따라 하는 경향이 강하다.

이런 관습형적인 신앙이 유신론적 종교에만 있다고 생각하면 큰 오산이다. 불교도 똑같기 때문이다. 불교도들이 가장 많이 보이는 신앙생활 형태는 불상에다가 비는 것일 것이다. 그들은 돌이나 쇠 같은 무정물로 만든 불상 앞에서 빌면 자기 소원이 이루어질 것이라고 믿고 열심히 빈다. 그런데 이것은 한 번만 생각해도 얼마나 어리석은 일인지 알 수 있지 않을까? 아니, 그 돌덩이가 무슨 능력이 있다고 사람의 소원을 들어줄 수 있을까? 이렇게 한 번만 생각해봐도 이 일이 얼마나 어리석은지 알 수 있는데 그들은 그러한 기본적인 생각도 하지 않는 것이다.

조금 더 생각해보면, 불상에다가 비는 것은 자기들이 만든 물체에 비는 것이니 자기가 자기에게 비는 것이다. 인간이 인간에게 비는 것이니 별 효험이 있을 수 없다. 그런데 그들은 그렇게 생각하지 않는다. 그들은 철석같이 그 불상을 부처라고 생각하고 그 불상이 자기들이 원하는 것을 들어줄 것이라고 믿는다. 그런데 돌은 돌일 뿐 다른 어떤 것도 될 수 없다. 불상의 돌이나 길가의 돌이나 아무 힘 없는 다 같은 돌일 뿐이다.

이처럼 종교 안에서 벌어지는 수많은 어이없는 일*을 보면 신자들이 처음부터 이런 사건이나 교리를 믿었던 것은 아니라는 것을 알 수 있다. 처음에는 의심을 갖기도 하지만 그 의심을 풀기 위해 이성적 사고를 하기보다 외려 그 이성을 마비시키고 그 어불성설의 교리를 받아들이려고 갖은 노력을 하게 된다. 이것은 그들이 성장하면서 사회의 관습을 받아들이려고 노력하는 것과 똑같다. 합리적으로 생각하면 그런 억지적인 교리를 가르치는 교회나 절은 떠나야 하거늘 오히려 그런 곳에 적응하지 못하는 자기를 이상하게 생각해 자기의 인지구조를 왜곡시키는 일을 한다. 그리고 그런 작업이 다 끝나면 자기의 노력이 결실을 맺었다고 생각한다. 사회(종교)의 관습에 자신을 맞추는 일을 성공한 것이다(그러는 과정에서 자신은 진정한 자신으로부터 계속해서 멀어진다).

이해를 돕기 위해 더 생생한 예를 들어보자. 사람들이 관습에서 헤어나지 못하는 예는 수없이 많지만 '통과의례'를 지나칠 수는 없다. 이 의례에서도 당최 이해할 수 없는 일들이 많이 벌어진다. 이 통과의례는 한 사회에서 오랫동안 지내오는 것이라 당연히 한 개인이 바꾸기는 쉽지 않다. 그런 상황을 염두에 두고 한국에서 벌어지고 있는 결혼식이나 장례식 같은 통과의례를 보면 그것들이 얼마나 부조리하게 진행되는가를 곧 알 수 있다. 이에 대해서는 나의 다른 책인 『행복은 가능한가』(2014)에서 자세히 밝혔으니 여기서 또 자세히 반복할 필요는 없겠다. 간단하게만 언급하자면, 한국의 결혼식은 혼례의 엄숙함도 축전의 즐거움도 없는 속 빈 강정 같은 의례

---

* 이런 어이없는 일에는 한국 개신교 일각에서 벌어지고 있는 책임목사직(정확히 말하면 '당회장')을 세습하는 행태도 포함된다. 이것은 세계 기독교 전 역사에서 유례가 없는 일인데, 잡음이 전혀 없는 것은 아니지만 한국의 개신교도들은 그런 것에 개의 介意하지 않고 목사직 세습을 받아들인다.

이다. 게다가 돈이나 안 쓰면 모르겠지만 돈은 돈대로 엄청 들어가는, 그래서 아주 질 낮은 의례이다. 장례식 역시 그와 똑같이 아무 영혼이 없는 돈 낭비의 의례가 되고 말았다.

나는 사람들이 이런 의례를 대하는 태도를 놓고 대체로 그들을 두 부류로 나누어보고자 한다. 우선 대다수의 사람들은 무엇이 문제인지 모른다. 이들은 전형적인 관습형 인간인 것이다. 이들은 사회의 관습에 따라 현존하는 의례에 대해 어떤 의문도 갖지 않고 그냥 남들 하는 대로 따라 한다. 결혼식을 할 때에는 웨딩촬영이라는 것도 꼭 해야 하고, 사람들을 여기저기서 많이 불러오는 일도 해야 하며, 식을 할 때에는 그 비싼 하얀 웨딩드레스를 반드시 입어야 한다고 생각한다. 또 그 영혼 없는 결혼식을 장바닥 같은 예식장에서 하고 폐백 등을 하는 것을 당연한 것으로 생각한다. 아니, 이들은 이런 관습에서 벗어나면 큰일인 줄 안다. 이들은 세상을 벗어날 때보다 세상을 따라 할 때 기쁨을 느낀다.

이런 사람이 대다수라면 이와 조금 달리 생각하는 사람들도 약간은 있다. 이 통과의례들이 잘못된 것이라는 것을 어렴풋이 눈치는 챘는데 어떻게 바꾸어야 하는지 생각이 안 떠오르는 사람들이다. 개인이 사회에서 통용되는 의례를 바꾸는 것은 대단한 지성과 공력이 필요한 일이다(때에 따라서는 용기도 필요하다). 의례의 전모를 알아야 그것을 적절하게 바꿀 수 있으니 그렇다는 것이다. 그래서 이 소수의 사람들도 의례를 변화시키는 일에는 성공하지 못하고 어쩔 수 없이 다른 사람들이 하는 대로 따라 하게 된다. 혹 재기 발랄한 젊은 사람들이 의례를 좀 바꾸려 해도 어른들이 그런 참신한 시도를 좌절시키는 때가 많다. 관습을 깨트리는 게 두려운 것이다.

관습주의자들에게 관습이란 보호막 같은 것이라 그것을 넘어서면 큰일이 나는 줄 안다.

어쨌든 이런 부류의 사람들도 관습형이기는 한데 그래도 조금 깨어 있는 사람이라 할 수 있다. 관습적인 것이 무엇인가 잘못되었다는 것을 알기 때문에 그렇다는 것이다. 그런데 여기에서 후관습형으로 넘어가는 사람은 그야말로 극소수이다. 후관습형의 사람들은 이런 관습적 의례가 잘못되었다는 것을 알고 그것을 과감하게 뜯어고치는 사람을 말한다. 즉, 지성과 용기를 겸비한 사람이라 할 수 있다. 후관습형 인간들이 잘못된 관습을 고치려고 하면 그것을 대하는 (관습형) 사람들의 태도는 다 똑같다. 이들이 이런 어리석은 현실에 불만을 제기하면 대다수의 인간들은 '왜 그렇게 까다롭게 사느냐? 너만 잘난 줄 아냐? 다른 사람들은 못나서 그냥 하는 대로 하는 줄 아냐? 다 좋은 게 좋은 거다'라고 하면서 오히려 후관습형 인간들을 힐난한다. 관습형 인간들끼리 뭉쳐 후관습형 인간을 압박하는 것이다. 이런 일은 자연스럽게 일어난다. 관습형 인간들은 후관습형 인간들을 근본적으로 싫어하는데, 그것은 후자가 자신들의 치부를 드러내기 때문이다. 후관습형들이 흡사 거울처럼 자신의 어두운 면을 다 비쳐주니 좋을 리가 없는 것이다.

일상에서 아주 작은 것이라도 관습적인 것을 벗어나는 것은 결코 쉬운 일이 아니다. 직접적으로 행동으로 옮기는 일이 남아 있기 때문이다. 관습적인 것에 문제가 있다는 것을 알아채는 것도 용이한 일은 아니지만 그것을 바꾸기 위해 직접 행동에 나서는 것은 더더욱 힘든 일이다. 이렇게 하기 위해서는 우선 항상 주어진 것에 의문을 던지는 태도를 가져야 한다. 남들이 다 당연시하는 것을 항상 객관적으로 바라보고, 그것이 어떻게 문제가 되는지 정확히 파악해야 한다. 그리고 그 문제를 풀기 위해 무엇을 어떻게 해야 하는지 아주 곰곰이 생각해야 한다. 이런 일이 쉽지 않으니 이 사회에는 이처럼 깨어 있는 사람이 아주 드문 것이다.

8

관습을 넘어 후관습으로

이제 우리는 관습을 털고 그다음 단계로 가려 하는데 그러려면 외부에서 주입된 통념보다 개인적인 판단이 중시되어야 한다. 그렇게 되기 위해서는 그 개인이 상당한 지성을 갖고 있어야 한다고 했다. 앞에서 누누이 말한 대로 사람들은 자신이 상당히 독자적으로 살고 있다고 생각하기 쉬운데 사실은 전혀 그렇지 않다. 우리가 하는 거의 모든 행동은 사회의 관습에 따라 결정되어 있기 때문이다. 우리는 기쁘거나 슬플 때조차 사회에서 학습된 대로 우리의 감정을 표현한다. 웃는 것이나 우는 것 같은 매우 개인적인 감정을 표현하는 것도 이미 정형화되어 있어 사회의 구성원들이 이 같은 일을 할 때 거의 같은 태도를 취한다는 것이다.

또 손이나 몸으로 하는 제스처도 사실은 다 정형화되어 있다. 이런 제스처는 문화권별로 다 다르지만 같은 문화권에 속한 사람들은 신기하게도 손짓조차 같은 방식으로 한다. 자신들은 자신만의 고유한 제스처를 한다고 생각하지만 사실은 그 문화가 지정한 데에서 전혀 벗어나지 못한다. 무의식적으로 이미 관습화된 것을 따르는 것이다. 심지어 '아야' 하는 외마디 소리도 그 문화에서 하라는 대로 하지 독자적으로 자기만의 외마디 소리를 내는 사람은 찾기 힘들다. 이러한 상황은 워낙 자연스러워 그 문화 안에 사는 사람은 눈치 채지 못하는 경우가 많다. 그런데 후관습형에 속한 사람들은 이런 당연한 사회적 통념에 도전장을 내고 그것을 바꿀 수 있는 범위 내에서 변화시키는 일을 한다.

예를 들어 우리가 흔히 하는 인사를 가지고 설명을 해보자. 해가 바뀌면 우리는 아무 생각 없이 '새해 복 많이 받으세요' 혹은 '새해엔 기쁜 일만 가득하세요'와 같은 일상적인 인사를 한다. 이게 얼마나 허황되고 사탕발림 같은 인사인지는 한 번만 생각해보면 금세 알 수 있다. 앞에서 우리가 사랑에 대해 논할 때 우리는 받은 만큼의 사랑만을 줄 수 있다고 했다. 이것은 행복에도 적용된다. 우리가 받을 수 있는 복은 우리가 지은 복만큼이다. 그 이상의 복은 없다. '세상에 공짜 점심은 없다'는 말이 그 사정을 잘 말해준다. 따라서 인사를 정확하게 하려면 '새해엔 복 많이 지으세요'라고 해야 한다. 이렇게 하기 싫으면 그냥 침묵하면 되는 것인데 그러지 않고 복 많이 받으라는 것은 '당신이 복을 받든 말든 나는 관심 없으니 알아서 많이 받으시오'라고 하는 것과 같다. 이는 실제로는 상대방이 복을 받는 것에 아무 관심이 없으면서 그냥 무성의하게 내뱉는 말이다.

이것은 두 번째로 인용한 '기쁜 일만 가득해라'라는 것에도 적용된다. 이 인사는 주로 연하장 같은 데에 많이 쓰인다. 그런데 한 번만 생각해보자. 세상 살면서 어떻게 기쁜 일만 가득할 수 있겠는가? 이것은 정말로 무성의

한 인사이다. 세상의 기쁨은 항상 불행과 같이 가는 법이다. 따라서 기쁨만 있다느니 불행만 있다느니 하는 그런 것은 없다. 이 인사도 '복 많이 받으세요' 인사처럼 정말로 유치하고 표피적인 것이다. 사정이 그렇다면 이런 성의 없는 인사는 차라리 하지 않는 게 낫지 않을까? 이런 인사보다는 '항상 안온하게 계시면 좋겠습니다'라고 하는 것처럼 기원을 한다면 그런 것은 좋은 일이다. 기원이야 얼마든지 할 수 있으니까 말이다. 그런데 이런 것에 대해서는 한 번도 생각해보지 않고 아무 생각 없이 인사를 한다.

이것과 조금 다른 것이긴 하지만 새해에 절을 하면서 '절 받으세요'라고 하는 것도 그렇다. 이것은 '받으라'고 지시하는 태세로 말하는 것이다. 따라서 어른에게는 할 수 없는 용법이다. 어른에게 어떻게 '내가 절을 하니 당신은 절 받으라'고 할 수 있겠는가? 그런데 이 용법이 잘못되어 있다는 것을 아는 사람은 거의 없다. 예법에 밝은 옛 어른 같으면 우리가 이런 인사말을 하고 절을 하면 '이놈아, 네가 뭔데 어른한테 이래라저래라 하느냐'라고 할 것이다. 이것보다는 '절 올리겠다'고 하는 것이 더 맞는 용법이다. 주위를 돌아보면 이렇게 잘못 쓰이고 있는 것들이 많은데 예서 이런 것들을 하나하나 다 고치자는 것은 아니다. 그 작은 것들을 어떻게 하나하나 다 고칠 수 있겠는가? 이처럼 관습적인 일에는 잘못된 게 많은데 사람들은 그 사실을 모르고 남들 하는 대로 따라 한다는 것을 말하려다가 여기까지 온 것이다.

이런 관습적인 것들은 별로 고쳐지지 않고 그대로 이어지는데 그것은 이 사회에 관습형 인간들이 많기 때문이다. 그러나 그와는 달리 후관습형 인간들은 지금까지 금기시되던 것을 즉각적으로 수용할 수 있는 탄력성을

8. 관습을 넘어 후관습으로

갖고 있다. 이들은 사고가 굉장히 탄력적이어서 언제든지 자신의 태도를 180도 바꿀 수 있다. 이들은 공연한 고집을 피우지 않는다. 예를 들어 동성애는 물론이고 동성애자들의 결혼 등과 같은 비관습적인 사안에 대한 태도가 그렇다. 그들이 평소에 이런 주제에 대해 별 생각 없이 살 수도 있지만 이런 주제에 맞닥뜨렸을 때 그 사안이 정당하다고 판단되면 사회에서 어떻게 생각하든 그것에 관계없이 자신의 입장에서 독자적인 결정을 내린다. 그리고 그에 걸맞게 직접 행동에 옮긴다. 사회에서는 동성인 남자끼리 결혼해 사는 것을 받아들이지 않더라도, 그 사안이 정당하다고 생각되면 그는 곧 수용하는 태도를 가지게 된다.

그런데 어떤 사람이 이처럼 탄력적인 태도를 가졌다 해도 그가 반드시 후관습형 인간이 아닐 수도 있다는 사실을 잊어서는 안 된다. 관습형 인간이 겉으로만 후관습형적인 태도를 흉내 낼 수 있기 때문이다. 겉모습은 후관습형적이지만 실제의 수준은 관습형인 것이다. 예를 들어 자신의 확실한 비전을 갖고 반정부 투쟁을 시작한 사람은 후관습형 인간일 확률이 크다. 자신의 영감에 따라 사회를 바꾸기 위해 행동하기 때문이다. 이런 사람 주위에는 추종자들이 있기 마련이다. 이 추종자들은 그들의 리더가 한 말을 따라 행동하기 때문에 그들의 언행이 매우 혁신적으로 보일 수 있다. 그러나 리더의 가르침이 그들의 의식 속에 내면화되지 않았다면 추종자들의 언행은 앵무새가 말하는 것과 다르지 않다. 겉만 후관습형이지 안은 관습형이라는 것이다.

이와 연관해 내가 많이 드는 예가 있다. 운동권 학생들은 재벌을 원수처럼 알고 강하게 비판하는 경우가 많지만, 그들 가운데에도 대학 졸업 후 재벌 회사에 못 들어가 안달하는 친구가 있다. 학생 때 생각하던 것은 다 잊고 오로지 자신의 출세를 위해 세속화된 것이다. 이것은 그가 반정부나 반재벌 운동을 할 때 외친 이념이 전혀 내면화가 되지 않고 자신이 리더라고 생각하는 사람의 주장을 그대로 따라 했기 때문에 생긴 현상이다. 이런 친구 가운데에서도 학생운동을 할 때 극력으로 재벌에 대항했던 친구가 나중에 사회에서는 더 친재벌이 될 수 있다. 너무 호들갑을 떨면서 어떤 것이나 어떤 사람이 싫다고 하는 것은 그 상대에 대한 호감을 강하게 부정하기 위해 취하는 과도한 반응일 경우가 많기 때문이다. 사실은 그 상대를 굉장히 좋아하는데 그 감정을 감추어야 하는 상황이기 때문에 외려 강하게 싫어하는 척을 하는 것이다.

조금 어려워진 것 같은데 쉬운 예를 들어서 설명해보자. 가령 성에 대해 과도하게 엄격하고 자신이 성적으로 깨끗하다는 것을 과시하는 사람이 있다고 하자. 이런 사람은 많은 경우 성적으로 문란할 수 있는 성향을 갖고 있다. 이런 사람은 자신이 내적으로 지니고 있는 성욕을 무의식적으로 감지하고 그것을 억누르고자 과도한 반응을 하는 것이다. 그래서 이 사람은 매우 성聖스러운 사람처럼 보일지 모르지만 사실은 시중에서 성性을 밝히는 사람과 크게 다를 바가 없다. 아니, 그는 더 성욕에 매여 있는 사람일 가능성이 높다. 한쪽으로 과도하게 쏠린다는 것은 그가 반대쪽으로 그만큼 쏠려 있다는 것을 의미하기 때문이다.

후관습형을 설명하다 조금 이야기가 옆으로 흘렀다. 다시 주제로 돌아가면, 굳이 콜버그Lawrence Kohlberg를 인용할 필요는 없지만 그는 이 후관습형도 두 단계로 나누어 설명하고 있다. 이 가운데 두 번째 수준이 도덕적으로 가장 발달된 사람을 말한다. 보편적인 덕목을 따르고 있기 때문이다. 물론 말로만 하면 안 되고 그것을 행동으로 실현해야 한다. 그리고 그 실현하는 과정에서도 다른 사람을 억압하거나 피해를 주는 일이 있어서는 안 된다. 간혹 보편적인 덕목을 실천하려는 그의 시도가 잘 받아들여지지 않는 경우가 있다. 그 때문에 고생하는 사람들이 있지만 그것은 그들의 문제이지 이 후관습형 인간의 문제는 아니다. 예를 들어 예수는 당시 유대 사회에 파란을 일으켰지만 그 때문에 누가 죽거나 다친 일은 없다. 단지 기존의 기득권자들이 심리적으로 위협을 받았을 뿐이다. 이들이 받은 피해는 육적인 것은 전혀 없고 심리적인 차원에 그쳤는데, 이것은 피해가 아니라 그들이 보편적인 것을 거슬렀기 때문에 생긴 자연적인 반응일 뿐이다. 따라서 예수가 책임질 부분은 아닌 것이다. 이처럼 후관습형 인간들은 관습형 인간들로부터 미움을 받게 되어 있는데, 이것은 후자의 문제이지 전자의 책임은 아니다(사실 예수는 단순한 후관습형 인간이 아니라 초관습형 인간이라고 보아야 한다).

콜버그에 따르면 이 후관습형 — 정확히 말하면 두 번째 단계의 후관습형 — 에 도달할 수 있는 사람은 지극히 적다고 하는데 이것은 당연한 이야기이다. 이 단계에 속한 사람은 보편적인 도덕적 원칙들을 완전하게 깨닫고 그것을 실행에 옮기는 우리 사회의 최고의 존재인데, 그런 수준에 많은 사람들이 도달한다는 것은 있을 수 없는 일이기 때문이다. 우리 사회는 거의 대부분 관습형의 인간으로 채워져 있고 아주 극소수의 후관습형 인간들이 있다. 이 후관습형 가운데에 가장 우위를 점하는 사람으로는 높은 비전을 가진 괄목할 만한 시민운동가나 환경운동가 등이 있는데, 이 가운데에서도 진정으로 큰 비전을 가진 사람을 골라내는 것은 쉬운 일이 아니다. 우리는 대부분이 관습형이니 그 수준에서 후관습형을 평가하는 것이 쉽지 않은 일이기 때문이다. 어찌 보면 불가능한 일일지도 모른다.

콜버그는 언급하고 있지 않지만, 이 후관습적인 수준을 (조금만) 넘어서면 초관습의 단계로 갈 수 있다. 그런데 후관습적 단계의 후기와 초관습적 단계(의 초기)는 겹칠 수 있는 부분이 많다. 그래서 이 두 단계의 경계는 명확하지 않은 것 같다. 내 개인적인 생각이지만 후관습형이 완성되려면 반드시 초관습적인 수준으로 올라가야 한다. 초관습의 수준으로 올라가야 진정한 비전이 보이는데, 이것을 이정표 삼아 관습의 허실을 바로 짚는 것이 가능하기 때문이다. 그리고 올바른 판단을 위해서도 인생을 관통하는 보편적이고 초월적인 원리를 숙지하고 있어야 한다. 그런 의미에서 초월의 단계가 꼭 필요한 것인데, 심리학자들은 그 사실을 알면서도 과학의 영역을 벗어나기가 싫어서 언급을 안 한 것인지 아니면 그 단계를 몰라서 언급하지 않은 것인지는 잘 모르겠다. 그러나 매슬로Abraham H. Maslow 같은 심리학의 거장들은 죽기 얼마 전에 이 영역을 인정했으니, 심리학계에서도 이 단계를 무시하고만 있었던 것은 아닌 것 같다.* 그에 비해 콜버그는 50세에 죽었으니 아마 이 단계까지 가지 못한 것은 아닐까. 이 초월 단계

---

* 개인적인 생각으로는 매슬로가 예외인 것 같다. 서양 심리학에서는 인격의 성숙이나 초월적인 세계에 대해서는 별 관심이 없기 때문이다. 이러한 경향은 특히 미국 심리학자들이 행하는 연구에서 많이 보인다. 이들은 정확한 수치가 나오는 실험을 선호하기 때문에 '성숙'이니 '초월'이니 하는 수치와 관계없는 개념에는 그다지 흥미를 보이지 않는다.

를 알기에는 사회과학자의 나이 50세는 조금 부족하지 않나 하는 생각인데, 그의 저작을 모두 훑어보진 않았으니 자신 있게 말할 수 있는 처지는 아니다(그가 사회과학을 연구하는 심리학자인 관계로 초Trans의 단계를 언급하지 않은 것일 수도 있다). 이처럼 초월적인 영역은 말할 것도 없고 후관습적인 영역 역시 도달하기 힘들다는 것을 알아야 한다.*

....

* 주위의 불교도 가운데 간혹 깨달음을 쉽게 보는 사람이 있다. 자신이 '한 소식'을 해서 상당한 경지에 올라간 것처럼 말하는 사람이 그런 사람이다. 특히 승려들이 그러한데, 깨달음이라는 것은 초월의 영역에 해당되기 때문에 그곳에 '도달'하는 사람은 그야말로 극소수이다. 이런 사람을 발견하기란 대단히 어려운 일이다. 따라서 이렇게 자신이 무엇이라도 깨달았다고 하는 사람들은 모두 허풍쟁이로 보면 그다지 틀리지 않을 것이다. 후관습적인 영역에도 진입하지 못했는데 어떻게 초월적인 영역에 있다고 하는 것일까?

9

후관습적인 수준으로 올라가는 방법에 대해 1
혼자 있기

이제 우리는 초관습적인 영역으로 서서히 다가가고 있는데, 그곳으로 떠나기 전에 반드시 보아야 할 일이 있다. 관습적인 영역에서 후관습인 영역으로 어떻게 넘어가느냐는 것이다. 이 주제에 대해서는 앞에서 이미 간헐적으로 보았지만 그것을 여기에서 정리해서 일목요연하게 보는 것은 필요한 일일 게다. 사실 이렇게 정리해봐야 이런 주제에 관심 있는 사람은 극소수이기 때문에 대부분의 사람들은 그다지 흥미를 갖지 못한다. 그러면 이런 주제에 관심 있는 사람들은 과연 누구일까? 일단 관습형 인간들은 이런 것 자체에 대해 그다지 흥미를 느끼지 못한다. 그들은 이런 주제가 대단히 공허하다고 생각한다. 그들이 관심을 쏟는 것은 세속적인 것의 획득뿐이다. 돈과 부동산, 명품, 명예, 권력 등만이 그들의 관심을 끈다. 그들은 이것들을 추구하면서 대단한 쾌락을 얻기 때문에 다른 데에 눈을 돌릴 이유나 여유가 없다.

불교의 『법화경』에 보면 이 세계를 불타는 집에 비유한 이야기가 나온다. 이 세상은 불타는 집처럼 대단히 위험한데 그 안에 있는 사람들은 그 사실을 모른다는 것을 빗대어 만든 이야기이다. 그런데 그 집 안에는 어린 아이들이 장난감을 가지고 놀고 있다. 집이 불타고 있는데 그 사실을 모른 채 장난만 하고 있는 것이다. 이 아이들은 다름 아닌 우리들이고, 더 구체적으로 하면 우리들 중에서도 관습형 인간들이다. 그들이 가지고 놀고 있는 장난감은 다름 아닌 돈과 권력 등과 같은 지극히 세속적인 것이다. 그들은 이것들을 가지고 놀면서 자신이 얼마나 위험한 상황에 처해 있는지 잊어버리고 만 것이다. 그들은 돈놀이하고 부동산 가지고 장난질하고 쇼핑하는 것을 인생의 전부로 느낀다. 그러니 정신적인 데에는 아무 관심이 없다. 이런 사람들에게 후관습이니 초관습이니 하는 것은 아무런 의미가 없다. 그저 작은 욕심이라도 채우는 게 급선무이기 때문이다.

그러면 지금까지 본 설명은 과연 누구에게 도움이 되는 것일까? 후관습형 수준에 올라간 사람은 이미 그 단계에 가 있으니 이 안내가 필요 없다. 이 가르침이 필요한 사람은 관습형에 머물고 있는 사람들이다. 그런데 그냥 관습형에 머물러 있는 사람이 아니고 현재 자기가 처한 상황에 문제가 있다는 것을 감지한 사람들이다. 자기가 속한 관습형 단계에 문제 있다는 것을 알아차렸는데 자신의 힘으로는 어떻게 해야 할 바를 모르는 사람들이 바로 이 부류에 속한다고 하겠다. 지금 자신이 처한 상황에 분명 문제가 있다는 것은 알겠는데 무엇이 문제인지 확실히 모르겠고, 더군다나 해결책에는 어떤 것이 있는지 꿈에서도 듣지 못한 사람들이 바로 그들이다. 지금 여기서 소개하고 있는 가르침은 이런 부류의 사람들에게 필요한 것이다.

I. 일상 속 자아발견 실험

사실 이 관습형 단계가 어떤 문제점을 갖고 있는지를 파악하는 것은 결코 쉬운 일이 아니다. 우리가 속한 사회는 관습형에 머물러 있기 때문에 더더욱 그 문제점을 파악하기 힘들다. 사회도 관습형이고 우리 주위에 있는 사람들도 모두 관습형 단계에 머물러 있으니 그런 환경에서 이 사회의 문제를 아는 것은 대단히 어려운 일일 것이다. 게다가 이 관습적인 사회는 튀는 사람을 그리 좋아하지 않는다. 이런 사람들은 관습적으로 잘 돌아가고 있는 사회에 자꾸 쓴소리를 하고 제동을 걸기 때문이다. 그러면 이처럼 문제점도 파악하기 힘든데 해결책을 아는 것은 차라리 불가능한 일 아닐까? 그러나 적어도 그 문제가 어떤 것인지 알면 고칠 수 있는 가능성은 있는 것이다. 병은 그 원인을 알아야 고치는데 원인을 모르면 병을 치료할 수 없지 않은가?

그럼 관습형 인간에서 후관습형 인간으로 넘어가기 위해 우리는 무엇을 해야 할까? 이제 그것을 보자.

우선 가장 먼저 해야 할 일은 공연히 사람들과 어울려 다니는 일을 그치는 것이다. 사람들과 몰려다니는 것을 좋아하는 사람치고 이런 내밀한 문제에 대해 관심 있는 사람은 없다. 이런 문제는 항상 혼자 있을 때 생각하는 법이다. 더군다나 같은 관습형에 속한 사람들과 같이 있으면 자신의 내면의 소리는 전혀 들을 수 없다. 우리 주위에는 혼자 있는 것을 싫어하고 두려워하는 사람들이 있는데, 이것은 자신의 내면에서 도망가려고 하는 시도일 수 있다. 앞에서도 보았지만 자신의 내면을 돌아보려면 지성과 용기가 필요하다. 남들은 그냥 지나가는 일을 굳이 시비를 걸어 문제점을 지적하는 것에 대해서 그 누구도 반기지 않는다. 사람이 '까다롭다'느니 '세상을 너무 부정적으로 본다'느니 하는 핀잔을 듣기 십상이다. 사회에서는 웬만한 것은 그냥 잘 넘어가고 성격이 둥근 사람을 좋아하니 이런 사람들을 좋아할 리 없다. 따라서 이런 데에 문제점을 자꾸 제기하려면 외로워지는 것을 각오해야 한다. 그래서 다른 사람들과 몰려다니지 말라는 것이다.

이렇게 살면 외로워지는 것은 떼어놓은 당상이다. 세상이 관습형 인간으로 꽉 차 있으니 자신의 수준에 맞추어 만날 수 있는 사람들이 별로 없기 때문이다. 그러니 친구가 대단히 적을 수밖에 없다. 이런 단계에 있는 사람은 관습형적인 사고를 경멸하기 때문에 관습형에 머물러 있는 사람과는 오래 있지 못한다. 물론 사회에서 생존하기 위해 관습형의 인간들과 어쩔 수 없이 교류를 하지만 가능한 한 그 시간을 짧게 한다. 그렇지 않고 그 시간을 길게 하면 이런 사람들은 성품이 고와서 곧 상처 받고 만다.

이런 부류의 사람들은 사람의 귀함을 알아 누구를 만나도 그를 있는 그대로 존중하고 그 사람들이 하는 일에 온 성의를 다해 대한다. 그것이 인간의 길임을 알기 때문이다. 그런데 관습형의 인간들은 사람을 그렇게 대하지 않는다. 그들에게 상대방은 자신의 이기주의를 만족시키는 수단에 그치는 경우가 많다. 그리고 다른 사람에 대해 어떤 배려를 해야 하는지도 모른다. 달리 말하면 관습형 인간들은 사람을 귀하게 생각하지 않을 수도 있다는 것이다. 그들은 상대방을 모두 자신의 이익과 연관해서 대하기 때문에 배려보다는 이용 쪽에 더 비중을 두고 만난다.

따라서 그 많은 관습형 인간들로부터 이런 처우를 받으면 후관습형으로 향하는 사람이나 그 단계에 있는 사람들은 상처를 받을 수밖에 없다. 자신은 상대방을 사심 없이 대하는데 그들은 그를 이용 수단으로 생각하기 때문이다. 게다가 후관습형 인간들은 자존심이 대단히 강하기 때문에 작은 것에도 큰 상처를 받는다. 이들은 자존감이 대단히 높으니 자존심이 강한 것은 당연하다 하겠다. 사정이 이러하니 이 사람들은 사회에 섞이지 못하고 어쩔 수 없이 홀로 있는 시간을 많이 갖게 된다. 이렇게 보면 이들이 비사회적이 되는 것은 의도된 것이 아니라 자연스러운 결과가 아닐까 한다. 비슷한 성향을 가진 사람을 찾아보지만 이런 사람들은 흔치 않아 찾기조차 힘들 때가 많다. 이러니 이런 사람들은 고독을 벗으로 삼아 살아야 할 것이다.

이런 까닭에 불교의 '수타니파타'에서 '무소의 뿔처럼 혼자 가라'라는 말이 나왔을 것이다. 깨닫겠다고 나선 것은 후관습형 정도가 아니라 초관습의 단계로 가는 길이라 같이 갈 수 있는 사람이 더 적다. 그러니 혼자 갈 각오를 하고 나서라는 것이다. 그런데 불경에 이런 말만 있는 것은 아니다. 경전 어느 곳인지는 확인이 안 됐지만, 붓다는 제자가 '좋은 도반을 얻어 같이 가면 깨닫는 일이 반은 된 것 아니냐'는 질문을 하자 '반이 아니라 다 된 것이나 다름없다'는 취지의 말을 남긴다. 이 말을 씹어보면 같은 후관습형의 인간을 만나는 일이 얼마나 중요한지 알 수 있다. 그래서 고래로 영적인 공동체가 있었던 것이다. 이런 취지 아래 불교의 경우에는 승가가 조직되었고 기독교에도 역시 수도공동체가 만들어졌던 것이다.

이 길은 혼자 가는 것보다 둘이, 아니 둘보다 셋이, 그보다 더 많은 사람들이 같이 가면 외롭지 않을 뿐만 아니라 서로에게 태산처럼 큰 힘이 되는 법인데 그런 사람이 적으니 그게 문제이다. 그런데 이 한국 사회는 앞에서 말한 것처럼 너무도 물질중심적으로 변해 그런 사람들을 찾기가 대단히 힘들다. 순수하게 영적인 사람들을 찾는 일이 거의 불가능할 지경이다. 기성 종교는 죄다 돈으로 엉망이 됐고, 재야에서 제 나름대로 수행하는 사람들은 함량이 부족한 경우가 많다. 우리의 주위 환경이 이렇다면 우리는 어떻게 해야 할까? 이럴 때는 간접적인 길을 택하는 수밖에 없다. 가장 좋은 길은 물론 깨친 스승이 있어 그의 가르침을 받는 것이다. 그리고 그 스승을 중심으로 비슷한 수준의 사람들이 모여 공부를 하는 것이다. 그런데 지금은 그런 스승이 아예 없는 것 같다. 그런 스승이 하나라도 있으면 한국 사회가 이 모양이 되지 않을 것이기 때문이다. 그 스승에 그 제자라고 그런 걸출한 스승이 없으니 제자라고 자처하는 사람들의 면모도 그리 볼 것이 없다. 도반을 삼을 만한 사람이 없는 것이다. 이 점은 앞에서 말했다. 사정이 이렇기 때문에 간접적인 방법으로 갈 수밖에 없다고 한 것이다. 그 간접적인 방법은 무엇을 말하는 것일까? 바로 공부하는 것이다.

10

후관습적인 수준으로 올라가는 방법에 대해 2

홀로 공부하기

초관습 단계에 있는 스승도 없고 같이 갈 도반도 없다면 이제 남은 것은 혼자 공부하는 것이다. 같이 갈 사람이 없으니 혼자 공부하는 것은 당연한 일이다. 이때 말하는 공부는 어떤 공부일까? 우선 고래로 있었던 동서양의 경전과 그것을 연구한 저술이 포함되겠다. 이것은 기본 중의 기본인데, 이렇게 책만 보고 공부하는 데에는 한계가 있다. 이러한 고전들은 아주 오래전 시대에 출간되고 제3자가 기록한 것이라 아무래도 생생함이 많이 떨어진다. 그런데 이런 스승들의 모습을 생생하게 체험할 수 있는 길이 있다. 바로 현대 인도에 있었던 구루Guru*들의 삶과 가르침을 공부하는 것이다.

---

* 이런 예로는 유지 크리슈나무르티나 지두 크리슈나무르티, 라마나 마하리쉬, 라마크리슈나 등등 많은 인도의 각자覺者들을 들 수 있다. 이 구루들에 대해서는 『길은 없지만 가야 할 길—최준식 교수, 구루이기를 거부한 유지 크리슈나무르티를 설하다』(하늬바람에영글다, 2015)를 참고하면 좋겠다.

이분들의 가르침은 간접적이 아니라 직격으로 우리의 폐부를 찌른다. 그들의 일상이 민낯으로 다가오기 때문이다. 이들의 삶과 사상이 이렇게 살갑게 소개된 것은 인류 역사에 처음으로 있는 일이다. 이전에는 그저 경전으로만 접할 수 있었던 스승들의 이야기를 이웃 사람 이야기처럼 접할 수 있게 된 것이다. 이런 문헌을 통해 우리는 그런 최고의 스승들이 도대체 어떤 모습을 하고 어떻게 살았는지 알 수 있다.

게다가 금상첨화인 것은 유튜브라는 SNS가 있어 그들의 실제 모습을 생생하게 볼 수 있다는 것이다. 사람을 판단할 때에는 면대면으로 실제의 모습을 보는 게 가장 좋다. 만나서 직접 그 사람을 체험하는 것이 제일 좋은 것이다. 얼굴이나 자태 혹은 말하는 행태는 결코 사람을 속이지 못하기 때문이다. 글로는 얼마든지 사람을 현혹할 수 있지만 실제의 모습은 그렇게 할 수 없다. 대표적인 예가 라즈니쉬이다. 그는 글로는 대단한 공력을 가졌지만 실제로는 많은 문제를 남겼다. 따라서 글로만 판단해서는 안 된다.*

사실 이렇게 인도의 스승에 대해서만 거론하는 것은 한국인인 나의 입장에서 자존심을 상하게 한다. 우리에게도 그런 훌륭한 스승이 있었다. 예를 들어 동학을 세운 수운 최제우나 그의 제자 해월 최시형, 그리고 원불교를 세운 박중빈 같은 분들이다. 이분들은 분명 세계적인 종교가이지만 인지도 면에서는 세계적이기는커녕 국내에서도 각광을 받지 못하고 있다. 이것은 후대 사람들이 제대로 못한 탓이 크다. 이분들의 가르침을 일상화하고 현대화하는 데에 성공하지 못한 것이다. 그러나 이분들의 가르침에

---

* 국내에도 그런 승려가 있지만 여러 사정상 이 지면에서는 언급하지 않기로 한다.

I. 일상 속 자아발견 실험

관심 있는 사람들은 이분들의 사상을 탐독하기 바란다.

이 스승들은 후관습형의 단계에 머물러 있는 것이 아니라 그것을 훨씬 넘어서 초관습 영역으로 간 분들이다. 그래서 이분들은 관습적인 것을 깨는 것으로 유명하다. 아니, 관습을 넘어 있으니 깰 것이 없을지도 모른다. 우리는 노상 관습에 걸려 살고 있는데 이분들은 관습 너머에서 훨훨 날고 있다. 앞에서도 잠깐 언급했지만 이분들은 가장 관습적인 관계라 할 수 있는 가족 관계까지 넘어섰다. 가족들을 대할 때에도 이분들은 개인과 개인으로만 대할 뿐이지 부자관계나 부부관계로서 만나지 않는다. 일례로 내가 앞서 주에서 인용한 유지 크리슈나무르티에 관한 책을 보면, 그는 자신의 자식들에게 아버지로서의 의무는 다하지만 그것을 넘어서 개인적인 것은 일절 용납하지 않았다. 그저 자식들도 다른 개인과 똑같이 대할 뿐이었다.

비슷한 맥락에서 전해지는 예수의 이야기도 그렇다. 제자 중 한 사람이 아버지의 장례를 치르고 오게 해달라고 부탁했다. 그러자 예수는 '죽은 자의 장례는 죽은 자에게 맡겨라'라는 아주 파격적인 말을 한다. 이 문장에서 '죽은 자'라는 단어가 두 번 나오는데 이 둘은 다른 것을 뜻하는 듯하다. 굳이 이 말을 풀어보면, 앞의 사람은 육체적으로 죽은 자를 말하고 뒤의 사람은 (진리를 모르는) 정신적으로 죽은 자를 말할 것이다. 조금 더 해석을 가해보면, 진리를 모르고 형식적인 그런 장례식이나 치르는 인간은 관습형 인간이라 죽은 거나 마찬가지라는 것이다. 이것은 관습을 넘어 후관습을 지나 초관습의 단계까지 간 사람만이 할 수 있는 발언이라 할 수 있다. 우리는 이런 예를 통해 후관습과 초관습이 무엇인지 알 수 있다. 이런 예들은 지금까지 본 스승들의 언행 속에서 숱하게 발견되니 그것을 참조하면 큰 도움이 될 것이다.

우리가 공부할 것은 이런 동양의 종교에 한하지 않는다. 알다시피 이 지구는 동서양으로 되어 있어 동양과 서양을 같이 공부해야 한다. 이번 세계를 보면, 동양은 종교가 뛰어나게 만들어졌다면 서양은 과학이 뛰어나게 만들어진 것으로 보인다. 동양에도 과학이 있었지만 서양의 현대과학 수준에는 영 미치지 못한다. 자연과학만 그런 것이 아니다. 서양의 심리학이나 그것을 넘어서는 초인격 심리학, 그리고 정신분석학 같은 심층심리학 등도 우리에게 엄청난 정보를 주고 있다. 인간의 마음을 그 나름대로 상당히 과학적인 입장에서 접근하여 동양 종교가 다루지 못했던 주제나 정보를 많이 제공하고 있어 좋다. 특히 정신분석학에서 주장하는 것처럼 무의식이나 성욕을 비롯한 욕망에 대한 이론들은 우리에게 시사하는 바가 많다.

개인적인 생각에 그칠지 모르지만 내가 보기에 서양이 가장 앞선 것은 과학이다. 서양이 이룩한 과학은 인류가 지금까지 이룩한 업적에 비해 볼 때 단연 뛰어나다. 동양은 지난 역사 동안 서양을 여러 분야에서 앞서고 있었는데 약 300~400년 전에 서양에서 과학이 흥기하면서 서양에게 사정없이 뒤처지게 된다. 달에 사람을 보내는 것이나 로제타 혜성에 탐사선을 착륙시킨 것은 서양 과학이 아니면 할 수 없는 일이다. 이러한 하드Hard 과학도 대단하지만 서양 과학의 진수는 현대물리학이나 양자역학에서 발견된다. 현대물리학을 통해 물질의 근본입자*에 대해 알게 되고 빛이나 파동

----

* 현대물리학에서 물질의 근본입자로 '쿼크Quark' 같은 입자를 내세웠지만, 이것이 과

I. 일상 속 자아발견 실험

의 성질을 알게 된 것은 대단한 업적이라 하겠다. 또 양자역학은 우리에게 극미의 세계에서 물질과 에너지가 어떻게 존재하는지를 보여준다.

동양 사상에서도 물질의 근본이나 시간의 성질에 대해서 언급했지만 그 묘사가 추상적이라 이해하기가 힘들다. 깨달은 사람들이나 할 수 있는 말이 쓰여 있는 경전은 이해하기가 어렵다. 예를 들어 불교의 『반야심경』에 나오는 '색즉시공' 같은 이야기들은 너무 추상적이라 명확하게 아는 일이 불가능에 가깝다. 그런 수준 높은 교리는 깨달은 사람이나 이해할 수 있는 것이지 그 경지에 도달하지 못한 일반인들은 도저히 알 수 없다. 그런데 현대물리학과 양자역학에서는 아마도 같은 경지로 생각되는 상태를 객관적인 언어로 설명을 하고 있어 누구나 사물과 시간과 같은 매우 추상적인 것들의 근본에 대해 알 수 있게 되었다. 이에 대한 이야기는 이 책의 2부에서 다루게 된다.

이처럼 우리는 해야 할 공부가 많다. 공부 안 하고 자아를 찾는다거나 진정한 행복을 누린다거나 하는 일은 있을 수 없다. 유대교에서 말하길 사람은 죽을 때 딱 두 가지만 가져간다고 하는데, 그것이 '사랑'과 '공부'라고 한다. 이때 말하는 사랑은 이웃에게 베푸는 사랑을 말하고, 공부는 바로 앞에서 말한 인간과 자연 그리고 우주에 대한 공부를 말한다. 사람에 따라 '공부는 무슨 공부? 내가 무슨 공부를 해?'라고 말할지 모른다. 그러나 진정한 인간이 되려는 사람은 그가 무엇을 하든 교육적 배경이 어떻든 자연

연 정말로 물질의 최소 입자인가는 더 두고 보아야 한다. 더 나아가서 물질의 최소입자를 찾으려 하는 일이 과연 온당한 일인가도 검토해야 한다.

스럽게 이처럼 공부하는 길을 가게 된다. 이것은 내가 공연히 하는 말이 아
니고 근사체험자*들의 체험을 통해 하는 이야기이다.

다음 이야기는 미국의 어느 유명한 근사체험자의 이야기이다. 자동차
정비공인 톰 소여Tom Sawyer라는 이름의 남자가 어느 날 근사체험을 하게
된다. 그 후에 그는 어느 날 갑자기 '양자역학Quantum Mechanics'이라는 단어
가 생각났다고 한다. 대학 문 앞에도 안 가보고 자동차 정비 말고는 아는
것도 없던 그에게 그 단어는 처음 접하는 생소한 말이었다. 주위에 물어볼
사람도 없었다. 그가 할 수 있는 일은 도서관에 가보는 일밖에 없었다. 그
길로 도서관에 가 수소문해서 그 어려운 양자역학 책을 몇 권 빌려왔다(이
과정에도 신기한 일이 있었지만 번거로워 여기서는 생략한다). 그런데 대학 문
앞에도 안 가본 자신이 그 어려운 이론들을 읽어보니 다 이해가 되었다고
한다. 그래서 그때부터 물리학을 위시한 현대과학을 배우기 위해 대학에
진학했고 대학원에 들어가 박사까지 하게 된다. 그 뒤 그는 TV 쇼에도 출
연하는 등 그 지역에서는 유명 인사가 되었다. 그의 이야기는 하도 인상적
이라 『What Tom Sawyer Learned from Dying』이라는 제목으로 책으로
까지 출간되었다.

근사체험을 강하게 한 사람은 이처럼 인생과 사회, 자연을 바라보는 눈
이 180도 바뀌게 된다. 어떻게 바뀌는가? 인생에서 가장 중요한 것이 무엇
인지 알게 된다는 것이다. 인생에서 가장 중요한 것은 남을 위하는 '사랑'

---

* 근사체험은 임사체험이라고도 하는데, 의학적으로 임종을 선고받은 사람이 다시 깨
  어나기 전까지 겪은 체험을 말한다. 이들은 이때 보통 영靈의 상태가 되어 저승을 경
  험하게 된다.

과 자신을 위하는 '공부'라는 것을 절실하게 깨닫는 것이다. 이것을 불교에서는 정확하게 '자리이타自利利他'라는 용어로 표현했다. 이때 말하는 공부는 정치학이니 공학 같은 세속적인 학문이 아니라 앞에서 본 종교나 과학 같은 것이라고 했다. 톰 소여처럼 공부와는 거리가 먼 사람도 인생을 진정으로 깨닫게 되면 자연스럽게 이 공부를 하는 것이다.

이전에는 이런 공부를 대학에 가야만 할 수 있었지만 지금은 시중 책방에 이런 분야에 관한 책들이 널려 있다. 게다가 친절하게 쉬운 용어로 설명하고 있어 마음만 있다면 언제든지 사서 볼 수 있다. 이게 바로 현대가 갖고 있는 대단히 큰 장점이다. 이전의 전통 사회에서는 이러한 고급 정보들을 접하고 싶어도 대부분의 보통 사람들은 접할 길이 없었다. 이런 지식을 갖고 있는 사람은 극소수의 과학자들뿐이었다. 그런데 이제는 도서관에만 가면, 아니 인터넷에만 들어가도 이러한 고급 정보들이 즐비하다. 즉, 공짜로도 이런 높은 지식을 알 수 있게 된 것이다. 이제는 우주의 시초가 어땠는지 공간은 어떻게 그리고 왜 휘는지 하는 등등의 정보를 지금 이 자리에서 즉석으로 얻어낼 수 있는 시대가 되었다. 하늘이 활짝 열려 천기天機가 다 공표되는 세상이 된 것이다. 현대 사회는 수많은 위기에 봉착해 있음에도 이전 사회가 갖고 있지 못한 이런 특장을 지니고 있다. 따라서 현대에 태어나서 지금의 시대가 갖고 있는 훌륭한 점을 취하지 않는다면 이번 시대에 태어난 보람이 없다. 사정이나 주위 환경이 이러한데도 그런 분야의 공부를 하지 않는다면 그런 사람은 아주 소중한 기회를 스스로 버리는 것이다.

11

후관습적인 수준으로 올라가는 방법에 대해 3

남들을 따라 하지 않고 깨어 있기

앞에서 본 것처럼 공부가 중요한 것이기는 하지만 그렇게 공부만 한다고
되는 일도 아니다. 공부라는 것을 여행 가는 것에 비유하면, 책을 보고 공
부하는 것은 지도를 보면서 여행 계획을 짜는 것과 같다. 우리가 여행을 가
려면 지도를 공부해야 한다. 어느 길을 어떻게 가야 하는지 미리 예습을 하
지 않으면 길을 떠나 헤맬 수도 있고 경우에 따라서는 목적지에 도달하지
못할 수도 있다. 그런데 지도 공부만 하고 여행을 떠나지 않는다면 그것은
또 어떻게 되겠는가? 그것은 아무것도 하지 않은 것이나 다름없는 것이다.
꼭 부합되는 예는 아니지만 이와 관계해서 다른 예를 들어보면, 붓글씨를
배우는 사람이 글씨본을 가져오기만 하고 그 본에 따라 연습을 하지 않으
면 어찌 되겠는가? 그것은 글씨 쓰는 것을 배우지 않겠다는 것과 같은 것
이다. 글씨 쓰는 것을 연습하기 위해 글씨본 가져오는 것은 반드시 필요한
일이지만 실제로 연습을 하지 않으면 아무 짝에도 쓸데없는 것이 된다.

이런 관점에서 보면 명상 등과 같이 수행에 관심이 있어서 그와 관련된 책을 번역하는 사람들 가운데 의외로 수준이 떨어지는 사람이 적지 않은 현상을 이해할 수 있다. 그런 책을 번역했으면 그 사람도 일정한 수준에 올라가 있어야 하는데 실제의 수준은 자신이 번역한 책에서 말하는 것에 영 못 미치는 경우가 많다. 이것은 이 사람들이 단지 번역만 하고 그 가르침이 말하는 것을 실제로 수행하지 않은 결과일 것이다. 생각이 머리에만 머무르고 몸으로 내려오지 않은 것이다. 여행을 떠나는 사람이 지도만 보다가 정작 실제 여행은 떠나지 않은 것이다. 깨달음이라는 것은 몸 전체에서 일어나는 사건이기 때문에 머리에만 머물러서는 하등의 도움도 되지 않는다. 도움이 되기는커녕 어떤 때에는 외려 방해가 될 수도 있으니 조심해야 한다. 우리의 이성이 사용하는 분별력은 우리가 살아가는 데에 꼭 필요한 것이지만 이성에 대한 지나친 믿음은 깨달음의 영역으로 가는 데에 결정적인 장애가 될 수도 있음을 잊어서는 안 된다.

그렇다고 별 준비 없이 느닷없이 수행을 하는 것도 그리 바람직한 것은 아니다. 방학이 됐다고 갑자기 절에 가서 선을 한다고 해서 깨달음에 가까이 가는 것은 아니다. 아니, 아예 출가를 해서 매일 선을 한다고 해도 그게 깨달음의 보증수표는 아니다. 이렇게 매일 선을 하는 것이 일종의 일상화 Routinization가 되면 그것 역시 큰 도움이 되지 않는다. 진짜 매번 온 힘을 기울여 하는 것이 아니라 버릇처럼 하게 되면 그런 수련은 하나 마나 한 것이 된다는 것이다. 이런 식의 접근이 갖는 문제점은 수행과 일상을 따로따로 생각한다는 데에 있다. 일상 속에서 행하는 소소한 잘못된 버릇 혹은 관행들은 그냥 내버려두고 참선을 한다면 아무리 수행을 열심히 한다고 해도 깨닫게 되는 그런 경우는 없다는 것이다.

그러면 수행과 관련해서 우리가 일상 속에서 해야 하는 일 가운데 가장 중요한 것은 무엇일까? 아주 간단하다. 항상 깨어 있는 것이다. 깨어서 주변에서 일어나는 모든 일을 예의주시하는 것이다. 깨어 있기 위해서는 여러 가지 방법이 가능한데, 그중에서 일상적인 것들을 그냥 넘어가지 말고 의문을 갖는 것은 더욱 중요한 태도라 할 수 있다. 특히 남들이 하는 대로 그냥 따라가지 않는 것은 대단히 중요한 태도이다. 예를 들어 사회에 어떤 것이 유행하고 있다면 아무 생각 없이 그 유행을 따라가지 말고 한 번은 생각해보고 행동에 옮기라는 것이다. 남들이 하는 것을 따라 하는 것 자체가 나쁜 것은 아니다. 따라 하는 것은 문제가 없지만 아무 생각 없이 한다면 그것은 문제가 된다.

또 예를 들어보자. 사회적으로 아주 크게 유행하는 유행어가 생겼다고 하자. 우선 깨어 있는 사람은 가능한 한 이런 유행어를 따라 하지 않는다. 따라 하게 된다 할지라도 내가 그것을 따라 하고 있다는 것을 항상 의식한다. 다시 말해 항상 반조하는Reflective 의식을 갖는다. 이것은 깨어 있는 상태를 유지하면서 자신을 바라보는 것이다. 조금 더 구체적으로 말하면 바라보는 자신과 보이는 자신을 분리시켜놓고 자신을 바라보는 것이라고 할 수 있다. 흡사 영화나 드라마를 볼 때 자신의 주체를 지키면서 객관적으로 보듯이 말이다. 보통 우리는 영화를 볼 때 그 영화에 흠뻑 빠져들어 주인공과 같이 울고 웃는다. 영화에서 벌어지고 있는 일들이 실제로 일어나고 있는 것처럼 생각하는 것이다. 그러나 이것은 외계에 폭 빠져 그것에 휘둘리고 있는 것이다. 이러한 비자주적인 태도는 본인이 깨어 있지 못해 일어나는 것이다. 깨어서 각성되어 있으면 자신의 주체를 지켜 이처럼 외계에 자신의 자주권을 헌납하는 일은 발생하지 않을 것이다. 한마디로 말해 어떤 상황에서라도 정신 줄을 놓지 말아야 한다는 것이다.

상황을 이렇게 만들기 위해서는 앞에서 말한 것과 같은 탈습관화 과정이 필요하다. 습관이란 사람의 생각을 잠재우기 때문에 우리를 무모하거나 '무목적'하게 만들 수 있다. 우리가 아무 생각 없이 관습적으로 살면 잘못된 일을 아무 생각 없이 할 수 있는 것이다. 그래서 이런 사태를 방지하려면 일상생활을 하면서 자신을 각성시키는 일을 자꾸 해야 한다. 자신의 의식을 깨우는 일이라면 아무리 작은 일이라도 상관없다. 예를 들어 평소에 오른손만 쓰는 오른손잡이는 의식적으로 왼손을 써보면 각성상태가 훨씬 더 높아지는 것을 느낄 수 있다. 어색하고 불편할 수 있지만 상당히 새로운 느낌이 난다. 자기 자신이 존재한다는 것을 더 생생하게 느낄 수 있기 때문이다. 심지어 바지를 입을 때 다리를 넣는 순서를 바꾸어보는 것도 상당히 재미있다. 항상 오른발을 먼저 넣는 사람은 왼발을 먼저 넣어보자. 그렇게 하면 자신을 주시하는 것 같은 색다른 느낌이 들 것이다. 그럼으로써 비록 낮은 수준이기는 하지만 자기 자신을 더 많이 느끼는 것을 알 수 있다.

이처럼 각성상태를 유지하려고 하는 방법은 과거와 현재를 막론하고 수많은 곳에서 아주 다양한 식으로 개발되고 사용되어왔다. 예를 들어 베트남의 고승인 틱낫한은 프랑스에 플럼 빌리지라는 공동체를 만들어 다양한 방법으로 평소에 각성상태를 유지하는 방법을 제시하고 있다. 이곳에서는 이러한 상태를 유념Mindfulness*이라는 용어로 규정하고 수행의 모토로 삼고 있다. '유념'이라는 것은 말 그대로 각성상태를 의미한다. 이 상태를 끌어내고 유지하기 위해 틱낫한은 그 공동체의 성원들에게 다양한 방법을 제시하고 있는데, 하루 중에 정해진 시간에 종을 쳐서 그곳에서 생활하는 사람들의 의식을 깨우는 것도 그 방법 중 하나이다. 종소리가 나면 사람들은 자신이 어떤 일을 하고 있든 자기 자신을 다시 돌아보고 자신이 각성상태를 유지하고 있는지 점검하는 시간을 갖는다. 훈련이 잘되어 있는 사람이라면 굳이 이렇게 할 필요가 없지만, 훈련이 잘 안 되어 있는 사람은 이렇게라도 해야 각성상태를 유지할 수 있다.*

같은 맥락으로 생각되는데 지두 크리슈나무르티도 비슷한 개념을 제안했다. 그 역시 깨어 있는 것을 역설했지만 '성성하게' 깨어 있는 것은 경계했다. 성성하다는 것은 의식이 너무 많이 살아 있는 상태를 말한다. 성성하게 있는 것이 좋지 않다는 것은, 물론 그렇게 깨어 있는 것은 좋지만 그 상태에서 '내가 무엇을 해보겠다'고 하면서 적극적으로 설치는 것은 좋지 않다는 것이다. 그래서 나온 개념이 수동적 각성상태Passive Alertness이다. 수동적 각성이란 깨어는 있되 소극적인 각성상태를 유지하는 것을 말한다. 이에 따르면 우리가 깨닫겠다고 엄청난 고행을 하거나 기도에 몰두해

....

* 이 단어는 영어에서 그리 많이 쓰이는 단어는 아니다. 이 단어는 주지하다시피 세 부분으로 나눌 수 있다. 즉 mind+ful+ness가 그것인데 이런 조합법은 영어에 흔한 것은 아니다. 그래서 이 단어는 특별하게 불교의 명상법을 지칭할 때 쓰이는 경우가 많다. 불교 명상법에서는 이 단어를 '마음 챙김'이라는 용어로 번역한다.
* 비슷한 방법은 원불교에서도 발견된다. 이 종교에서는 신도들에게 하루 중 각성상태를 유지한 유념 상태가 몇 번이었고 그렇지 못한 무념 상태가 몇 번이었는지를 일일이 적어 매일매일 비교하게끔 하고 있다. 그럼으로써 자신이 수행에 얼마나 진척이 있는지를 점검하게 한 것이다.

I. 일상 속 자아발견 실험

무엇을 획득하겠다고 설치는 것은 바람직하지 못하다. 이런 것은 개인의 욕망을 부추겨 일을 그르치기 쉽기 때문이다. 그 대신 그저 조용히 있으면서 사물을 관조만 하라고 가르친다.

여기서 한 걸음 더 나아간 개념이 선택 없는 지각Choiceless Awareness이라는 것이다. 이것 역시 지두 크리슈나무르티가 제안한 것으로, 사물을 인식하되 어느 하나에 쏠리지 말라는 것이다. 인식은 하지만 마음을 일으켜 어느 하나에 편중하지 말라는 것이다. 우리 주위에는 항상 여러 가지 자극이 있다. 여러 자극 중에 가장 흔한 것은 소리일 것이다. 우리는 끊임없이 수많은 소리를 듣고 있다. 자동차 소리든 사람 소리든 새 울음 같은 자연의 소리든 우리는 항상 매우 다양한 소리에 노출되어 있다. '선택 없는 지각'이란 이렇게 여러 소리가 들려올 때 한 소리만 선택해서 집중하지 말고 그냥 자신의 감각 기관을 열어놓고 그 모든 소리를 동시에 들으라는 것이다. 이런 일이 정말로 가능할지 어떨지는 모르지만 그 의미는 충분히 알 수 있다. 여기서도 중요한 것은 항상 깨어 있는 것이라는 점이다.

많은 사람들은 '나는 항상 깨어 있으면서 주체성을 가지고 내가 할 바를 잘하고 있는데 도대체 무슨 소리냐'고 할지도 모른다. 그러나 누차 말하지만 우리의 인식구조를 만든 것은 남이다. 이때 남이란 이 사회를 말한다. 사회에서 부과된 것을 자신의 생각이라고 생각하면서 살고 있는 것이다. 따라서 우리는 깨어서 사는 것이 아니라 거의 수면 상태에서 맹목적으로 살고 있다고 할 수 있다. 자기의 행동을 지배하는 것은 사회이지 자기가 아닌 것이다.

다시 말하지만 우리가 이렇게 사회로부터 주입된 것에서 벗어나는 일은

11. 후관습적인 수준으로 올라가는 방법에 대해 3

대단히 어렵다. 더 솔직히 말하면 보통의 우리에게 이 일은 불가능하다고 하고 싶다. 우리 인간이 가장 하기 힘든 일 중 하나가 자기 마음을 바꾸는 일이다. 생각을 바꾸는 일이 힘들다는 것이다. 이 일은 대체로 25세나 30세가 넘으면 거의 불가능한 쪽으로 기울게 된다고 했다. 나이를 먹을수록 선입견과 고정관념이 더 굳어져 죽을 때는 돌처럼 혹은 죽은 나뭇가지처럼 단단한 자아를 갖고 죽는다. 온갖 고집만 강하게 만들어놓고 말이다. 그래서 늙으면 몸이 굳어지고 그에 걸맞게 생각도 굳어진다. 노인이 되면서 생각이 철옹성 같아져 고집이 잔뜩 긴 얼굴로 하루하루 살다가 죽는 것이 우리 신세가 된 것이다. 이런 면에서 볼 때 우리 인생은 가여운 것이다. 그 고생 하면서 한평생 살다가 죽을 때가 되면 온갖 독毒만 품고 속절없이 이 세상을 떠나니 말이다.

우리 인간에게 가장 이상적인 것은 어릴 때 가졌던 순수함은 끝까지 간직하고 그 위에 연륜을 통해 쌓은 지혜를 더하는 삶을 사는 것이다. 그래서 우리는 노인이 되었을 때 지혜와 순수함을 겸비한 지혜로운(수준 높은) 순수함을 지니고 있어야 한다. 그런데 우리는 살면서 정반대로 간다. 나이가 들면서 어린아이의 순수함은 사라지고 어른의 사특邪慝한 교활함만 남는다. 게다가 거기에 저밖에 모르는 이기주의가 덧입혀져 나이가 들수록 추악한 모습으로 바뀌어간다. 어느 종교(기독교)의 경전에 나오는 것처럼 '뱀처럼 지혜롭고 비둘기처럼 양순하게' 사는 것이 아니라 '교활해지고 욕심만 차리는' 삶을 살게 되는 것이다.

우리가 자유롭게 되는 것은 결코 쉬운 일이 아니다. 아니, 불가능하다고 하는 것이 더 정확할 것이다. 좀 더 정확하게 말하면 이번 생에는 이 목표

I. 일상 속 자아발견 실험

를 이루지 못한다고 보는 것이 맞을 것이다. 이 일은 그다지도 어려운 일이다. 그렇다면 우리는 무엇을 할 수 있을까? 이번 생에 할 수 없다고 해서 그냥 포기하고 말 것인가? 그리고 그런 것을 생각하지 않고 물질이나 추구하면서 그냥 속물적으로 살다 갈 것인가? 그렇게 할 수는 없다. 그러기에는 이 문제가 막대하게 위중하기 때문이다.

이번 생에는 이 문제를 풀 수 없더라도 적어도 문제가 무엇인지는 알 수 있다. 이 문제를 알고 있는 것은 모르고 있는 것과 천양지차가 난다. 지금 여기서 바로 자유롭게 되는 것은 불가능하지만 내가 이렇게 구속되어 있다는 것은 확실하게 깨닫자. 내가 이렇게 옥죄어 있다는 것을 알면 언젠가는 그 감옥에서 풀려날 수 있다. 하지만 그 사실을 알지 못하면 결코 탈출할 수 없다는 의미에서 문제에 대한 인식은 매우 중요한 것이다. 사실은 이 문제에 대해 아는 것도 결코 쉬운 일은 아니다. 대부분 사람들은 이 문제에 대해서도 잘 알지 못한다. 문제를 아는 일이 어렵다고는 하지만 이 문제를 풀고 해방을 얻는 것보다는 훨씬 쉽다. 따라서 우리는 쉬운 일부터 시작해 보자.

Ⅱ.
초일상 속
자아발견 실험

심리적인 영역에서 초월적인 영역으로

이제 우리는 일상을 넘어 무의식의 영역으로 들어가야 하는데, 그러려면 의식에 대해 보아야 한다. 앞에서는 의식을 당연하게 생각하고 진정한 자아를 찾는 방법을 이야기했지만, 사실은 우리 인간의 의식이 무엇인지 그것부터 알아야 한다. 이때 말하는 의식은 각성의식뿐 아니라 무의식을 포함하는 넓은 의미의 의식이다.

사실 무의식을 제외한 의식의 영역은 그다지 복잡하지 않다. 무의식에 비하면 이 의식은 대낮 같다고나 할까? 이 각성의식 상태에서는 '나'라는 주체가 비교적 뚜렷하게 존재하고 모든 것이 이 주체적 자아를 중심으로 돌아간다.* 철저하게 자아의 자기의식Self-consciousness에 따라 자신을 인식하고 외부를 파악한다. 그래서 대낮처럼 밝다는 것이다.

그러나 무의식으로 들어가면 사정은 완전히 달라진다. 밝은 대낮을 뒤로하고, 흡사 그 끝을 알 수 없고 복잡함을 상상하기 힘든 동굴 속으로 들어가는 것과 같다. 동굴이니 어둡기 짝이 없는데 어느 누구와 같이 갈 수도 없다. 각자의 동굴이 다 다르기 때문이다. 이 동굴은 밑으로 갈수록 부

---

* 여기서는 '나'라는 주체가 비교적 뚜렷하게 존재한다고 했지만 이러한 '나'는 존재하지 않는다고 보는 시각도 있다. 이것은 불교 같은 인도 종교에서 주장하는 것인데, 우리가 생각하는 '나'는 다만 생각에 지나지 않는 것이지 어떤 확실한 실체를 가진 것은 아니라는 것이 그것이다. 그리고 뒤에서도 보게 되는데, 비슷한 의견을 영국의 철학자 데이비드 흄도 개진한 바 있다. 흄에 따르면 우리가 생각하는 자아의식이란 감각과 지각의 묶음일 뿐이라고 한다.

분적으로 다른 동굴(다른 말로 하면 다른 사람의 무의식)과 통하는 데가 있다. 그러나 그런 부분도 어둡기 때문에 어느 부분에서 어떻게 만나는지 웬만한 전문가가 아니면 알 수 없다. 이 동굴은 더 깊이 내려갈수록 길이 없어지고 다른 동굴과 다 통하게 되지만, 이 지점은 그렇게 쉽게 다다를 수 있는 것이 아니다. 이 지점에 다다랐다는 것은 시쳇말로 깨달은 경지에 도달한 것이라 할 수 있으니 우리 모두는 거의 갈 수 없는 지역이라 할 수 있겠다.

이 동굴로 우리가 들어갈수록 '내'가 존재한다는 개아성이 약해져서, 이 마지막 지점 — '마지막'이라는 단어를 쓰는 게 마뜩지 않지만 — 에 도달하면 내 개아성은 완전히 없어진다. 그래서 깨달은 경지라고 하는 것이다. 자아를 완전히 초월한 것이다. 이 무의식은 바로 초의식으로 연결된다. 이렇게 보면 무의식과 초의식은 같다고 할 수 있는데, 무의식의 끝이 초의식이라는 의미에서 그렇다는 것이다. 무의식 중에 표층적인 부분은 개인적인 욕망이 아직 활동하고 있어 초의식이라고 하기에는 문제가 있다. 그러나 이 무의식을 거쳐야만 더 깊은 심층 의식으로 갈 수 있기 때문에 초의식에 포함시킬 수 있다는 생각이다. 사실 우리는 무의식으로 들어가는 순간 각성 상태의 자아를 초월하기 시작하기 때문에 모든 무의식을 초의식이라고 해도 그리 틀린 것은 아니다.

그러면 이제 우리는 인간의 무의식을 향해 멀고 깊은 여행을 떠나보자.

1

의식과 무의식에 대한 연구는 불교가 먼저

불교의 유식학은 불교 심리학이다!

몇 년 전 나는 '인간의식연구센터'라는 1인 연구소를 만들었다. 그때도 혼자지만 지금도 혼자서 이 연구소를 지탱하고 있다. 이 연구소를 혼자라도 만든 이유는 간단하다. 세상의 모든 것 가운데 인간의 의식이 제일 중요하다고 생각했기 때문이다. 이 연구소의 이름을 정할 때 다른 기관과 이름이 겹치면 안 되겠기에 검색을 해보니 다행히 이런 이름의 연구소는 없었다.

그런데 생각해보면 이렇게 단순한 이름의 연구소가 없다는 게 이해가 안 됐다. 인간의 의식이라는 것은 인간을 인간답게 하는 가장 중요한 요소인데 왜 사람들은 아무도 관심이 없을까? 인간에게 의식이 없으면 그는 이미 인간이 아닌데, 그렇게나 중요한 의식에 대해 사람들은 왜 이다지도 관심이 없을까?

사람들이 의식에 대해 관심이 없는 이유를 생각해보니 아마도 우리가 생각하는 의식이라는 게 너무 자명해서 그런 것 아닐까 하는 생각이 들었다.

내가 한 번도 내 의식을 떠나본 적이 없으니, 그걸 다시 생각해본다는 게 이상한 것이다. 비유를 들어보면, 우리가 우리의 의식으로 의식을 연구한다는 것은 흡사 눈眼이 눈을 연구한다는 것과 같은 것 아닐까? 눈은 외부의 것을 보면서 탐구할 수 있지만 자신을 연구 대상으로 삼을 수는 없으니, 의식이 의식을 연구한다는 게 불가능한 것 아니냐는 것이다.

우리가 자신의 의식에 대해 관심이 없는 또 하나의 이유는 우리가 매일 지니고 사는 의식을 너무 쉽게 생각하기 때문이 아닐까 하는 생각도 들었다. 우리는 대부분 의식이란 당연히 존재한다고 생각하고, 우리가 평상시에 의식하는 의식이 우리가 알 수 있는 의식의 전부인 줄로 알고 있다. 그런데 단도직입적으로 말하면 우리가 평상시에 갖고 있는 이 의식은 인간이 지니고 있는 전체의식에 비해 아주 얇은 층에 지나지 않는다. 의식과 관련해서 지금까지 인류가 밝혀낸 정보에 따르면 우리의 이 의식은 표층 의식일 뿐이다.

그렇지만 의식은 그렇게 간단한 것이 아니다. 인간의 의식은 이 우주 안에 존재하는 것 중 가장 심오한 것일 뿐만 아니라 유일하게 존재하는 것이기 때문이다. 과거에 이렇게 주장했던 사람들은 주로 동양의 종교가들이었다. 특히 불교 계통의 사상가들이 이런 주장을 많이 했다. 이 의식을 가장 많이 다룬 불교학파는 유식학唯識學이다. 이 유식학은 중국에서는 '법상종法相宗'이라는 종파에서 연구했는데 사람들은 이 법상종이 어떤 종파인지 잘 모른다. 『서유기』의 주인공으로 유명한 현장 법사도 이 유식학의 대가였고, 또 신라의 원측도 당대에 가장 뛰어난 유식학자였다(그는 현장의 가장 뛰어난 제자 중 한 사람이었다).

이 유식학은 불교에서 가장 어려운 교학 가운데 하나인데, 주장하는 교리는 어찌 보면 아주 간단하다. '세상에 존재하는 것은 (인간의) 의식뿐'이라고 주장하니 말이다. 그래서 교파의 이름이 '오직' '유唯'에 '알' '식識'인 것이다. 영어로 번역된 이 학파의 이름을 보면 그 뜻을 더 잘 알 수 있다. 영어로는 School of Mere-Consciousness 혹은 School of Consciousness Only로 번역되는데 이걸 보면 그 뜻이 더 빨리 머릿속에 들어온다.

그런데 이상하지 않은가? 이 세상에는 해와 달, 그리고 별은 말할 것도 없고 산이나 바위가 있고 집이 있으며 무엇보다도 사람과 동물, 식물이 멀쩡하게 존재하는데 왜 이 학파에서는 우리의 의식만이 존재한다고 하는 것일까? 이 학파에 따르면 외계의 모든 것은 우리 의식이 투사해서 만든 것이다. 외계에 존재하는 딱딱한 것들이 모두 우리 마음의 관념작용Mental Ideation에 지나지 않는다는 것이다. 이것은 관념론 중에서도 지독한 관념론이다. 그래서 선뜻 동의하기가 힘들 수 있다.

우리는 불교를 잘 모르더라도 '일체유심조—切唯心造', 즉 '모든 것은 우리 마음이 만들어낸 것이다'라는 구절은 안다. 이것은 불교인들이 많이 이야기하는 구절로, 불교의 교리를 다섯 글자로 함축시킨 것으로 유명하다. 이 교리는 바로 유식학에서 비롯된 것이다. 이 다섯 글자 안에 들어 있는 '유심'이라는 단어가 바로 유식을 의미하는 것이다. 그런데 사람들은 이 구절이 얼마나 의미심장한 것인지 잘 모른다.

사람들은 이 구절을 피상적으로 이해해 모든 것은 우리가 마음먹기에 달렸다는 말 정도로 생각하는 것 같다. 그 예를 들어보면, 장미꽃을 보고 아름다운 장미꽃에 가시가 달렸다고 불평하지 말고 가시나무에 아름다운 장미꽃이 피었다는 식으로 거꾸로 생각하면 세상이 훨씬 더 아름답게 보이지 않겠느냐는 것이다. 이렇듯 세상은 우리 마음먹기에 따라 얼마든지 다르게 보일 수 있으니 이왕이면 긍정적으로 보자는 것이다.

그런데 이것은 일체유심조의 진정한 뜻이 아니다. 일체유심조는 말 그대로 이 외계를 우리의 마음이 직접 만들었다는 뜻이기 때문이다. 이 글을 쓰는 내 몸부터 내 앞에 있는 컴퓨터 등이 모두 내 마음이 만든 것이라는 것이다. 그런데 이런 걸 어떻게 믿을 수 있을까? 외계는 외계이고 나는 나이지 어떻게 외계가 전부 내 의식(혹은 우리의 의식)이 만든 소산물이라는 것인가? 한 걸음 더 나아가 어떻게 이런 가당치도 않은 것 같은 교리가 불교의 정통교리가 되었을까 하는 생각도 든다.

이 학파에 속했던 사람들을 보면 그 면면이 보통이 아니다. 예를 들어 인도 유식학파의 쟁쟁한 학자인 무착無着, Asanga이나 세친世親, Vasubandhu*은 전체 불교사에서 대단히 뛰어난 학자로 명망이 높다. 그뿐 아니라 앞에서 언급한 현장이나 원측 역시 동북아시아에서는 가장 뛰어난 불교철학자 중한 사람 아닌가. 이런 지극히 뛰어난 사람들이 이 유식학 이론을 받아들였으니, 이 이론은 지나친 관념론이라 더 생각해볼 가치가 없다고 외면해버리는 것은 현명한 생각이 아닐 것이다. 이 학파의 이론이 허무맹랑하다면 이런 대사상가들이 이 학파에 대해 많은 저작을 남길 리가 없지 않겠는가?

게다가 이 유식학은 대승불교의 두 기둥 중 하나였다는 의미에서 불교

---

*   4~5세기에 생존했던 불교 승려인 무착과 세친은 형제로 현재의 파키스탄 땅 페샤와르에서 태어났는데, 불교사에서 유식학을 세운 사람으로 이름이 높다.

교학 가운데에서도 대단히 중요한 교파이다. 중국의 현장이 7세기에 인도에 갔을 때 당시에 인도에는 '세상의 모든 사물은 비어 있다'는 공론空論을 주장하는 '중관학파'와 이 '유식학'만 있었다고 했을 정도로 이 유식학은 불교 교파에서 대단히 중요한 자리를 차지하고 있다. 그러나 지나치게 어렵고 복잡해 인도는 물론이고 중국이나 한국에서 유식학은 사라지고 만다.

이 유식학은 인간의 의식에 대해 연구했기 때문에 '불교심리학'이라고도 불리는데 가장 인상적인 교리는 인간의식을 층별로 나눈 것이다. 이것은 아주 복잡한 이론이라 제대로 이해하기가 힘들지만 간단하게만 보자. 이 학파에 따르면 우리의 의식은 여덟 개로 되어 있다(아홉 개로 되어 있다고 주장하는 승려도 있었지만 여기서는 일반적인 설을 따른다). 이 여덟 개 의식 가운데 우선 감각적이거나 지각적인 의식이 여섯 개 있는데 이 의식들은 각성의식을 이룬다. 이 각성의식이 평상의식이라면, 이 의식 밑에는 잠재의식이 있다. 유식학에서는 이 잠재의식이 두 개의 층으로 되어 있다고 파악했다.

감각(지각)적인 의식 여섯 개는 전통적인 용어로 '안이비설신의眼耳鼻舌身意'라고 한다. 풀이하면 '눈으로 보고, 귀로 듣고, 코로 (냄새) 맡고, 혀로 맛보고, 몸으로 만지고, 머리로 생각'한다는 뜻이다. 그리고 여기에다 식識 자를 붙여 안식, 이식, 비식, 설식, 신식, 의식이라고 표현한다.

그런데 맨 마지막에 있는 의식이라는 단어는 어쩐지 매우 친숙한 단어이다. 맞다. 우리가 현대어로 쓰는 의식이라는 단어가 바로 이 유식학에서 온 것이기 때문이다. 이 의식은 그 앞에 있는 다섯 가지 감각을 총괄하는 표층 자아인 것이다. 앞에서 말한 다섯 가지 감각은 여섯 번째의 의식과 결

1. 의식과 무의식에 대한 연구는 불교가 먼저

합되지 않으면 인간이 느낄 수 없다. 우리가 보든지 듣든지 그것은 우리의 의식으로 감지했을 때만 알 수 있기 때문이다. 만일 우리의 의식이 감지하지 못하면 우리는 어떤 것도 느낄 수 없다. 예를 들어 우리가 깊이 잠들면 누가 나를 쓰다듬어도 전혀 알지 못한다. 내 의식이 잠들어 있기 때문이다.

이 같은 다양한 감각을 다 느낄 수 있는 것은 우리의 표층 자아인 6식, 즉 의식이 있기 때문이다. 여기까지는 심리학의 영역이라 할 수 있다. 그러나 불교는 여기서 끝나지 않고 의식의 심층으로 더 들어간다. 이 표층 의식의 바로 밑에 있는 의식은 제7식으로 마나 혹은 말나(말라)식이라 불린다. 여기서부터 무의식 영역이 된다. 이 7식 밑에 마지막 식이 있는데 그것이 제8식이다. 이 8식은 알라야Alaya식으로 불리는데, 한자로는 '장藏'식이라 번역하고 영어로는 'Store-consciousness'라고 한다. 영어로 Store라고 했으니 그 뜻은 저장한다는 뜻이 된다.

이 8식은 가장 심층적인 자아이다. 나중에 우리가 깨달음을 얻으면 이 8식이 불성으로 바뀐다.* 그런데 왜 'Store'라고 했을까? 그것은 한 사람이 하는 모든 것, 즉 생각이나 행동, 말이 여기에 씨앗의 형태로 저장되기 때문이다. 여기에 저장된 것은 나중에 인연이 맞게 되면 밖으로 현현되어 그 사람의 행동이나 생각이 된다.

그러면 7식이 하는 일은 무엇인가? 유식학의 전통적인 해석에 따르면 이 7식은 8식을 대상으로 자아 개념을 만들어낸다고 한다. 불교에서는 모든 번뇌와 문제의 시발은 이 자아 개념에서 비롯된다고 주장한다. 이 자아

---

* 아니, '바뀐다'는 말보다는 원래 상태로 '돌아갔다'라는 표현이 더 적절할 게다.

II. 초일상 속 자아발견 실험

는 원래 존재하지 않는 것인데 이 7식이 8식이 자아라는 헛된 생각을 일으키킨다는 것이다. 이 때문에 인간은 그때부터 그 허상 자아를 위해서 욕심이나 집착을 내게 되고 그 결과로 하염없는 고통 속으로 빠져든다고 유식학은 주장한다.

이렇게 잠깐만 보아도 이 유식학은 대단히 어려운 학문이다(사실은 여기서 설명한 것과는 비교도 안 되게 더 복잡하다). 마음의 상태를 가지고 100개로 나누는 등 그 난도難度는 상상을 불허한다. 따라서 유식학이 불교 교학에서 사라졌다는 것도 이해가 된다. 그런 어려운 것은 내려놓고, 지금 우리에게 중요한 것은 이미 불교에서는 오래전부터 우리의 표층 의식 밑에 심층 의식이 있다고 주장했다는 점이다. 그리고 그 심층 의식에는 우리가 행한 모든 정보가 저장되어 있다는 주장에 주목해야 한다.

동양에서 이렇게 일찍부터 인간의 심층 의식에 대해 말하고 있던 것에 비해 서양에서는 인간의 의식에 대해서 그다지 관심이 없었던 것 같다. 개인적인 짐작으로 이것은 기독교의 영향이 아닐까 하는 생각이 든다. 주지하다시피 기독교는 인간을 죄인으로 보기 때문에 그렇게 죄만 들어 있는 인간의 의식에 관심을 별달리 갖지 않았을 것 같다. 그리고 그들에게 가장 중요한 존재인 신은 우리의 의식 바깥에 있으니 인간의 내면에는 그다지 관심이 생기지 않았을 것이다.

2
우리 의식은 요술쟁이? 1
우리가 느끼는 것은 모두 우리의 의식이 만들어낸 것

앞에서 우리는 불교의 교리를 통해서 인간에게 의식이라는 것이 얼마나 중요한지 알 수 있었다. 사실 이 의식, 더 정확하게 말하면 '자신이 존재한다는 것을 아는' 자기의식은 인간만이 가지고 있는 것이다.[*] 이 세상에 존재하는 것은 우리의 의식뿐이라고 하는 유식학의 이론은 평범하게 물질적 세계에 맞추어 사는 우리에게는 참으로 이해하기 힘든 교리이다. 그러한 경지는 깨쳤거나 그 경지에 가까이 가 있는 사람들이나 확실히 알 수 있는

---

[*] 많은 사람들이 동물도 마음이 있어 지각할 수 있다고 주장하는데, 동물이 갖고 있는 것은 감각일 뿐이다. 동물에게는 자기 자신을 대상으로 볼 수 있는 능력이 없다. '보는 주체로서의 나Subject I'와 '보이는 객체로서의 나Object I'라는 이원론적인 자기의식 기제를 가진 동물은 인간뿐이다. 인간의 모든 문제는 바로 이 의식에서 시작된다. 다시 말해 이 자기의식은 인간의 상징이면서 저주라고 할 수 있다. 자세한 것은 내가 쓴 『종교를 넘어선 종교』를 참고하기 바란다.

것이지 보통 사람인 우리는 피부에 와 닿게끔 알기가 힘들다. 따라서 여기서도 그 경지에 대해서는 다루지 않기로 한다.* 그러나 그 경지까지는 가지 않더라도 의식은 우리가 외계를 파악할 때 분명 적극적으로 참여하고 있는 것을 알 수 있는데 지금부터 그것을 보기로 하자.

앞 장에서 본 것처럼 불교의 유식학에 따르면 우리의 의식은 우리가 외계를 파악할 때 절대적인 영향을 끼치는데, 이것은 적절한 예가 없으면 이해하기가 아주 힘들다. 불교에서는 우리 현대인들이 이해하기 쉬운 예를 제공하지 않았기 때문에 이 어려운 교리를 이해하기 힘든 것이다. 이에 비해 서양의 학자들은 연구나 임상을 통해 이 교리를 이해할 수 있는 자료를 많이 제공하고 있어 이 교리를 객관적으로 이해하는 데에 많은 도움을 준다. 이 예를 통해 보면 우리가 보통 때 생각하는 의식이라는 것이 매우 제한되어 있다는 것을 알 수 있다. 한마디로 우리는 우리의 의식을 잘못 이해하고 있다고 말할 수 있다.

우리는 보통 우리의 의식이 외부에서 벌어지는 일을 객관적으로 파악하고 있다고 생각한다. 다시 말해 우리가 어떤 사물을 보든 만지든 듣든 우리는 객관적으로 사물을 있는 그대로 느끼고 파악하고 있다고 생각하는 것

---

* '외계의 모든 것은 우리의 의식이 만들어낸다'는 교리를 100% 체감할 수 있는 영역은 이 물질계가 아니라 영계라고 할 수 있다. 영계에서는 우리가 어떤 것을 생각하는 순간 그 대상이 내 앞에 나타난다고 한다. 우리의 의식이 주변 세계를 만들어내는 것이다. 그러나 이렇게 해서 만든 세계가 오래 유지되는 것은 아니다. 우리가 생각을 바꾸면 이 주변 세계도 순간적으로 바뀌기 때문이다. 이러한 주장은 불교의 『아미타경』 등에서도 보인다.

이다. 이게 무슨 말일까? 우리는 우리 앞에 있는 외계가 우리가 보는 것과 전혀 다르지 않다고 생각한다. 그러나 이것은 사실이 아니다. 우리의 뇌 혹은 의식은 이 외계의 사물을 파악하는 과정에 일정하게 관여하고 있다. 사실 일정한 정도만 관여하는 것이 아니라 전적으로 관여한다고 하는 것 이 더 적절한 표현일지 모른다. 그만큼 우리의 뇌(의식)는 현실을 파악할 때 적극적으로 참여한다.

우리는 눈에 병이 없는 한 외계를 상당히 선명하게 본다. 그리고 그것이 외계의 있는 그대로의 모습이라고 생각한다. 어디에도 굴곡이나 구멍이 없이 있는 그대로 본다고 생각하는 것이다. 그런데 우리가 보는 이 영상은 우리의 망막에 실제로 비치는 영상이 아니란다. 이게 무슨 말일까?

연구에 따르면 망막에는 이보다 거친 영상이 비쳐진다. 그럼 우리는 어떻게 해서 이렇게 외계를 선명하게 보는 것일까? 그것은 우리의 뇌가 보정補正 작업을 하기 때문이다. 보정이라는 단어보다는 '뽀샵'으로 더 잘 알려진 이 작업은 사진의 경우 본사진을 컴퓨터로 처리하여 보기 좋게 바꾸는 작업을 말한다.

우리가 외계를 이렇게 깨끗하게 파악하는 것은 우리의 뇌(의식)가 관여한 결과라 할 수 있다. 따라서 우리는 외계를 볼 때에 어떤 수준으로든 주관적인 요소를 개입시켜 그 결과를 바꿀 수 있다는 것을 알 수 있다. 이렇게 말하면 우리의 뇌가 도대체 어떻게 보정 작업을 하는지 이해가 잘 안 될 수 있으니 쉬운 예를 들어 설명해보자.

우리의 뇌가 보정 작업을 한다는 것을 증명할 수 있는 좋은 예는 눈의 망막에 있는 맹점과 관계되어 있다. 이 맹점은 시신경들이 다발로 모여 있는 부분으로, 이 다발을 통해 망막에 비친 영상들이 뇌로 전달된다. 그런데 이 부분에는 시신경이 모여 있어 시각세포가 없다. 그 때문에 이 부분에서는 어떤 영상도 감지될 수 없다.

그런 까닭에 망막에 비쳐진 대로 외계를 감지한다면 우리가 보는 영상에는 항상 검은 점이 나타나야 맞다. 맹점에는 아무것도 맺히지 않기 때문이다. 그런데 우리가 감지하는 외부 세계의 이미지에는 그런 검은 점이 없다. 왜 그럴까? 그전에 실제로 맹점을 실제로 체험해보자.

이 맹점을 인식하는 방법은 아주 간단하다. 밑의 그림을 앞에 놓고 오른쪽 눈을 감은 다음 검은 원을 응시해보자. 그러면서 눈을 25cm에서 30cm 사이에서 왔다 갔다 하면 어떤 특정한 지점에서 검은 사각형이 갑자기 안 보이게 된다. 바로 이때가 이 사각형의 영상이 맹점에 비친 때이다. 그래서 사각형이 안 보이는 것이다.

그런데 일상생활에서 우리는 이 맹점을 전혀 눈치채지 못한다. 그런 현실에 너무 익숙한 나머지 그 검은 점을 무시할 수도 있지만, 그런 일이 계속되면 우리의 뇌가 아예 그 점을 보정을 통해 없애버리기 때문에 그 사각형을 보지 못하는 것이다.

2. 우리 의식은 요술쟁이? 1

같은 현상은 다른 감각에서도 나타나니 더는 예를 들 필요를 느끼지 못한다. 이처럼 우리가 느끼고 알고 있는 것은 모두 우리의 의식이 만들어낸 것이라 할 수 있다. 반면 외계는 하나의 보조적인 조건이거나 부차적인 것이라 하겠다. 이것을 알 수 있도록 내가 가장 많이 다룬 예가 최면에 든 사람에게 아주 뜨거운 물체라고 하면서 손을 대서 그 사람을 데게 한 것이다. 놀라운 일은 단지 최면사의 손이 닿았을 뿐인데 피최면자의 닿은 부위가 실제로 불에 덴 것처럼 물집이 생기는 것이다. 그러니까 피최면자의 몸에 물집이 생기게 한 것은 외부의 자극이 아니라 그의 생각인 것을 알 수 있다. 우리의 의식은 외부를 파악할 때 이처럼 적극적으로 개입한다.

이 한 예만 보아도 우리가 바깥의 물리적인 세계를 경험할 때 바깥 세계를 있는 그대로 경험하는 것이 아니라는 것을 확실하게 알 수 있지 않을까? 다시 말해 바깥 세계로부터 일정한 자극을 받으면 그것에 대해 즉각적으로 판단하는 것이 아니라 우선 자신의 의식에서 일정한 이미지를 형성한 다음 그것에 따라 육체가 반응하도록 명령을 내린다는 것이다. 우리는 이렇듯 어떤 일이든 우리의 의식을 매개로 그 사건을 경험하기 때문에 우리의 의식은 어떤 조작이든 만들어낼 수 있다. 그런 의미에서 우리의 의식은 요술쟁이라고 할 수 있다. 원론적으로만 말하면 우리의 의식은 어떤 것도 만들어낼 수 있다.

이 최면의 경우에는 그래도 손을 댔다는 기본적인 자극이라도 있었지만, 전혀 이런 외적인 자극 없이 자신의 생각만으로도 자신의 몸에 변화를 가져오게 하는 경우도 있다. 이 경우를 대표하는 예는 다름 아닌 '상상임신'이다. 임신 상황을 자신이 스스로 만들어내 자신도 속고 남들도 속이는 것이다. 생리도 끊기고 배도 부르고 태아가 발로 차는 것도 느끼니 영락없이 임신으로 여기게 된다.

이런 예는 숱하게 들 수 있다. 가령 사람들의 병을 고칠 때에 이미지 요법을 쓰는 것은 잘 알려진 사실이다. 가장 대표적인 것이 플라시보 효과 Placebo Effect라 불리는 위약僞藥 효과이다. 병과 전혀 관계없는 거짓 약을 진짜 약이라고 속인 다음 환자에게 복용하게 해 병을 고치는 것이다. 이 효과에 대해서는 이미 잘 알려져 있으니 많은 설명이 필요하지 않을 것이다.

한때 일본 의학계에서는 빵가루로 만든 약을 가지고 결핵 정도는 고쳐야 명의名醫 축에 들 수 있다는 이야기가 있었다고 한다. 결핵이라면 스트렙토마이신 같은 항생제를 먹지 않으면 고칠 수 없는 병으로 알려져 있다. 그런데 균을 죽이는 것과는 아무 관계가 없는 빵가루로 결핵을 고친다니 어찌 된 일인가?

이 일은 아마 이렇게 진행됐을 것이다. 이 일이 성공하려면 의사가 강력한 암시를 주어야 한다. 그렇지 않고 그냥 간호사를 통해 암시를 준다면 바라던 효과를 얻지 못할 수 있다. 의사도 그냥 의사면 안 된다. 아주 권위 있는 의사가 직접 환자에게 이 약을 주면서 '새로 나온 약인데 결핵에는 직방直放이다'라고 강하게 이야기해야 한다. 그러면 환자는 '이 의사는 명의이니 이 사람이 주는 약으로 나는 분명 병을 고칠 수 있을 것이다'라는 강한 확신을 가질 것이다. 그리고 이 위약을 꾸준하게 먹은 결과 결핵을 완치하게 될 것이다.

이 약은 빵가루일 뿐이니 아무런 항생 작용도 할 수 없다. 원리적으로 이 약은 결핵을 고칠 수 없다. 그런데 어찌 됐든 환자는 병을 고쳤다. 대체

2. 우리 의식은 요술쟁이? 1

어떻게 해서 병을 고칠 수 있었을까? 위약에는 아무 성분이 없으니 약이 고쳤다고는 할 수 없다. 그렇다면 남는 것은 강한 확신에 차 있던 환자의 의식뿐이다. 따라서 이 생각이 병을 고쳤다고 볼 수밖에 없지 않을까. 환자의 의식이 병원균을 활동할 수 없게 막은 것이라고 생각하는 것 외에 다른 여지가 없는 것이다.

물론 이러한 처방이 항상 통용되는 것은 아닐 것이다. 이 작업이 잘되려면 몇 가지 조건이 필요하다. 환자는 피암시성이 강해 의사의 암시에 전적으로 반응할 수 있어야 하고, 의사는 다른 사람에게 확신을 줄 수 있는 강한 성격의 소유자여야 한다.

사실 최면에서 이런 일은 자주 일어난다. 가장 흔한 예가 피최면자의 기억에서 일정한 수를 지우는 것이다. 이 최면은 TV 방송에도 가끔 나온다. 예를 들어 피최면자에게 최면을 걸어 그의 기억에서 '7'을 지우라고 암시를 준다. 그렇게 하면 당분간 그의 뇌리에는 7이라는 숫자가 없어진다. 최면에서 깨어난 다음 1부터 10까지 세어보라고 하면 그는 7을 생략한 채 10까지 센다. 이때 손가락을 일일이 꼽으면서 수를 세게 하면 마지막에 손가락 하나가 남아 피최면자가 적이 당황한다. 수는 10까지 셌는데 손가락 하나가 남으니 말이다.

이처럼 우리의 의식은 요술을 부린다. 세균성 전염병도 낫게 하고 멀쩡하게 기억하고 있던 숫자도 까먹게 만든다. 이 정도 되면 앞에서 본 불교의 교리, 즉 일체유심조라는 가르침이 이해되지 않을까? 처음에는 이 교리가 너무 관념에 치우친 것 아닌가 하는 의구심이 들었는데, 지금은 외려 이보다 더 지당한 가르침은 없지 않을까 하는 생각과 함께 이런 '진리스러운'

가르침을 왜 아직도 몰랐을까 하는 자괴심마저 든다. 우리의 의식이 가진 마술력은 어디에서 끝날지 모를 것 같다.

3

우리 의식은 요술쟁이? 2

자기 암시가 신체상태를 바꾸는 극적인 사례들

이번 장에서는 앞 장에 이어 우리 의식이 보여줄 수 있는 오묘함에 대해 좀 더 보았으면 한다. 앞에서도 많은 예를 들었지만 여기서는 좀 더 극적인 예를 들어보려고 한다. 의식이 갖고 있는 기묘한 힘은 대단해서 좀처럼 그 전모를 알기가 쉽지 않다. 우리가 여기서 집중적으로 보고 싶은 것은 탤보트의 『홀로그램 우주』라는 책에 나와 있는 것이다. 이 책에서 탤보트는 우리 의식이 갖고 있는 신묘한 면을 설명하기 위해 다음과 같은 예를 들었다. 다중인격 신드롬이라는 정신질환이 그것인데, 이 병은 어려운 말로 해리성解離性 장애Dissociative Disorder라고 한다. 사람이 이 병을 앓으면 자신의 인격 안에서 둘 이상의 인격을 경험하게 된다. 예를 들어 당사자가 성인인데 인격전환이 되면 성인과 완전하게 다른 인격, 가령 어린아이의 인격이 되어 그에 걸맞은 언행을 한다.

이 질환과 관련해 탤보트가 든 예는 이런 것이었다. 어떤 다중인격자에게 A와 B라는 두 개의 인격이 있었는데, 이 사람이 A의 인격으로 있을 때에 술을 마시게 해 취하게 했다. 그런 다음 이 사람을 B의 인격으로 바꾸라고 시켰다. 그러자 놀라운 일이 벌어졌다. 전혀 술기운이 없는 말짱한 사람이 된 것이다. B의 인격으로 있을 때는 술을 마시지 않았기 때문에 이런 결과가 나온 것이다. 물론 그랬다가 A의 인격으로 가면 다시 술 취한 사람이 되었다.

이런 예가 사실이라면 놀랍지 않은가? 물리적으로 보면 분명 이 사람의 몸에는 많은 양의 알코올이 들어가 있다. 그런데 어떻게 해서 한 사람의 인격은 취해 있고 또 다른 인격은 그렇지 않을 수 있는 것일까? 같은 몸인데 어째서 인격이 바뀌면 몸의 조건도 따라가느냐는 것이다. 이런 예화를 통해 보면 우리는 몸보다 의식이 더 상위에 있는 개념이 아닐까 하는 생각이 든다. 생각이 바뀌는 데에 따라 몸 상태가 바뀌었기 때문이다.

이와 관련해 마지막으로 들어보고 싶은 예는 기독교 신자들이 예수의 성혼聖痕을 재再체험하는 것이다. 예수는 잘 알려진 것처럼 십자가에서 못박혀 유명을 달리했다. 그래서 그의 손과 발에는 못 자국이 있다. 그와 더불어 옆구리에도 상처 자국이 있다. 로마 병사가 예수의 생사를 알아보려고 창으로 찌른 상처이다. 결국 예수의 몸에는 다섯 개의 상처가 나 있는 것이 된다. 그런데 언제부터인가 신자들 가운데 몸에 다섯 군데에 걸쳐 성혼이 나타나는 이변이 생겨났다. 세계 도처에서 같은 것을 체험하는 신자들이 나타난 것이다. 그중에서 가장 대표적인 사람을 꼽으라면 가톨릭교의 성인인 프란체스코 신부를 들 수 있을 것이다. 그는 13세기 이탈리아의 아시시라는 곳에 살면서 프란체스코 수도회를 창설한다. 그의 몸에 성혼이 생긴 것은 1224년 가을이었다. 그가 기도 중에 십자가에 못 박힌, 사람 같은 천사의 환영을 보고 성흔을 받게 되었는데 그에게 예수와 똑같이 몸의 다섯 군데에 성흔이 나타난 것이다. 그뿐만 아니라 손의 상처에는 못처럼 생긴 검은 물질까지 생겼다고 한다. 그의 뒤로 같은 체험을 한 사람들이 속속 나타나 로마의 가톨릭교회는 오늘날까지 300건 이상의 성흔을 확인했다고 한다. 우리나라에도 비슷한 일이 있는 것으로 보고되는데 교회로부터 공식적인 확인을 받았는지는 확실하게 밝혀지지 않았다.

이 사건은 워낙 세계 도처에서 일어났고 지금도 일어나고 있기 때문에 의심할 여지가 없다. 이 현상은 분명 일어났기 때문이다. 그러면 이 기이한 현상을 어떻게 설명할 수 있을까? 몸에 아무 위해도 가하지 않았는데 왜, 어떻게 해서 멀쩡한 몸에서 피가 나고 그것으로 인해 큰 고통을 겪는 것일까? 이 현상을 완전히 설명해주는 것은 아닐지 몰라도 어느 정도 추단해볼 수 있는 방법은 있다. 예를 들어 우리가 어떤 사람을 아주 강하고 맹렬하게 사랑하면 그 사람과 모든 것이 같아지는 체험을 하게 된다. 그 단적인 예가 엄마와 아기의 사이에서 벌어지는 일이다. 엄마가 자기 아기를 너무나 사랑하면 그 아기와 심신의 상태가 같아진다. 만일 아기가 아프면 엄마가 같이 고통을 겪든지 아니면 대신 고통을 겪고 싶은 마음이 큰 나머지 같은 부위가 아파지는 것이 그것이다.

연애를 열렬하게 하는 두 연인도 마찬가지이다. 어떤 연구 결과에 따르면 이런 연인들은 심지어 호흡 속도나 심장 박동 수도 같아진다고 한다. 이 정도까지는 아닐지라도 오랫동안 부부 생활을 한 사람들은 자기도 모르게 텔레파시가 통하는 체험을 종종 했을 것이다. 예를 들어 자신이 뜬금없이 어떤 생각을 하고 있다고 말을 하면 그 말을 들은 배우자가 자기도 똑같은 생각을 했다고 고백하는 것이 그것이다.

이것은 아주 가까운 이성 간에 생기는 일이고, 종교적 사랑은 그 닮고자 하는 마음의 강도의 면에서 볼 때 이성 간의 사랑보다 훨씬 강하면 강하지 결코 약하지 않다. 종교적 사랑은 어떤 조건도 붙이지 않는 온전하고 전적인 사랑이기 때문이다. 이 사랑은 너무도 열렬해서 지상의 어떤 사랑보다 강하다. 그래서 종교적 사랑을 위해서는 자신의 목숨까지 내놓지 않는가. 프란체스코도 예외가 아니었다. 그는 예수님을 지상의 사랑과는 비교가 안 될 정도로 열렬하게 사랑했을 것이고, 그런 끝에 그와 한 몸이 되는 것을 느꼈을 것이다. 그의 몸에 예수의 몸에 있던 외상이 나타난 것은 이러한 강렬한 체험 뒤의 일이었을 것이다.

그런데 여기에 심각한 문제가 발생했다. 프란체스코를 포함해 예수의 성흔이 나타난 사람들이 체험한 성흔의 위치가 예수가 진짜 체험(?)한 위치와 달랐기 때문이다. 이들에게는 모두 손바닥에 성흔이 나타났는데 이 것은 예수의 몸에 있는 실제 부상의 위치와 다르다. 예수의 부상 흔적은 손목에 있다. 보통 알려진 것과는 달리 죄인에게 십자가형을 처할 때 못은 죄수의 손바닥이 아니라 손목에 박는다. 손바닥에 못을 박으면 손이 몸무게를 지탱할 수가 없기 때문이다.

손목에 못을 박아 오랫동안 두면 심장 등에 혈액이 잘 공급되지 않아 큰 고통을 느끼게 된다고 한다. 물론 못이 박힌 부분에서도 엄청난 고통을 느낄 테지만 그 고통과 더불어 몸의 경직이나 심장마비, 호흡곤란, 갈증 등으로 느끼는 고통이 대단하다. 그렇다고 곧 죽는 것도 아니다. 그 상태에서

며칠씩 고생하게 함으로써 더 많은 고통을 느끼게 하는 것이 이 형벌의 목적이다. 그래서 이 십자가형은 원래 노예나 흉악범, 정치범 같은 중죄인에게만 가했던 아주 혹독한 형벌이었다고 한다. 기독경(신약)에서는 예수가 십자가에 박힌 지 몇 시간 안 되어 죽었기 때문에 그 형을 받으면 금세 죽는 것으로 알기 쉬우나 실상은 그렇지 않은 것이다.

그러면 왜 이 열렬한 신도들은 엉뚱한 데에서 예수의 성흔을 재체험하는 것일까? 일부 기독교인들은 이렇게 예수의 성흔을 재체험하는 것은 성령이 임해 일어난 기적이라고 강변한다. 그런데 진짜 성령이 임해서 이런 상처가 났다면 예수와 똑같은 위치에 상처가 나야지 왜 다른 곳에서 같은 일이 벌어졌느냐는 질문을 던지지 않을 수 없다. 우리는 이 현상을 어떻게 설명할 수 있을까?

이에 대해 탤보트는 그 나름대로 유력한 답을 제시하고 있다. 예수의 성흔을 재체험하는 사람들이 나타나기 시작한 것은 8세기 이후라고 한다. 탤보트에 따르면 바로 이 시기에 예수의 최후를 그린 성화가 나타나는데 이 성화들에 예수 손의 상처가 손목이 아니라 손바닥에 있는 것으로 그려져 있다. 이 그림을 그린 화가들이 왜 못이 손바닥에 박혀 있는 것으로 그렸는지는 잘 모르겠다.

아무튼 이런 정황으로 추단해보면 이들의 몸에 난 상처는 이른바 성령이 만들어낸 것이 아니라 이들이 스스로에게 강한 암시를 주어 생긴 것이라고 할 수 있다. 이들이 이 그림을 보고 자신에게 최면을 걸었을 것이라는 것이다. 이 사람들의 성향을 조사해본 결과 강한 히스테리 성향을 갖고 있었다고 하니 충분히 그럴 수 있는 소지가 있다. 강한 히스테리 성향을 가진 사람들은 높은 피최면감수성을 갖고 있어 자가 최면이든 타자 최면이든 최면에 걸리기가 매우 쉽다.

이 같은 예를 통해 보면 우리는 우리가 파악하고 경험하는 객관적 현실이 만들어지는 데에 항상 참여하고 있는 것을 알 수 있다. 물론 앞에서 본 사람들은 그 참여 정도가 아주 강해 신체에까지 변화가 생겼지만 모든 사람이 그렇다고 할 수는 없다. 그러나 참여 정도는 다르지만 높은 수준이든 낮은 수준이든 우리는 항상 객관적 세계에 참여해서 우리의 주변 세계를 만들고 있는 것이다. 더 놀라운 것은 이러한 사실이 앞에서 본 극적인 예에서만 끌어낼 수 있는 결과가 아니라 과학적으로도 증명(?)이 되었다는 데에 있는데, 이 흥미진진한 이야기는 다음 장에서 보기로 하자.

4
우리가 파악하는 외계는
우리 의식이 참여해 만든 것!

앞의 장에서 우리가 파악하는 모든 것이 우리의 주관과 객관적 세계가 혼융되면서 만들어진 것임을 확인했다. 그러니까 엄밀한 객관은 하나도 없는 것이다. 이것을 다시 표현하면 진실한 의미에서의 객관적 세계, 즉 우리의 주관에 의해 영향 받지 않은 객관적 세계는 우리 인간이 알 수 없는 것이라고 하겠다. 우리가 어떤 사물을 인식하는 순간 그 사물의 인식에 우리의 주관이 참여하기 때문에 우리의 주관이 배제된 객관적 세계는 알 수 없다는 것이다. 객관적 세계는 우리가 인지하지 않을 때만 존재하는 것인데, 이 세계는 우리가 인지하지 않았으니 그것을 알 방법이 없다. 그런 의미에서 철학자 칸트도 '물 그 자체Ding-an-sich는 결코 알 수 없다'고 한 것 아니겠는가.

이쯤 해서 서양 철학을 간략하게라도 반추해보아야 한다. 서양 철학에서도 이 주관과 객관의 문제로 2천 년 이상을 씨름해왔기 때문이다. 서양 철학은 해석학Hermeneutics 같은 현대 철학이 나오기 전까지 인간의 주관에 의해 변질되지 않은Intact 완벽하게 객관적인 진리를 알아내기 위해 2천 년 이상을 노력해왔다. 과거 서양 철학의 목적이 바로 이 순전하게 객관적인 Purely Objective 진리를 알아내는 것이었는데, 그런 의미에서 서양 철학의 목적을 '지식을 위한 지식Knowledge for the Sake of Knowledge'을 찾는 것이라고 할 수 있을 것이다.

이에 비해 동양에서는 이런 '지식을 위한 지식'에 대해서는 관심이 없었다. 불교나 도가 사상 같은 동양 사상에서는 지식보다 항상 인간이 앞선다. 어떤 지식을 아느냐보다 어떻게 하면 참 인간이 되느냐에만 관심이 있었던 것이다. 이 관점은 『장자』에 극명하게 나온다. "진인이 있은 뒤에 진지眞知가 있다"라는 구절이 그것이다. 나도 이 관점을 지지하는데, 이 시각에서 본다면 서양 철학이 2천 년간 행했던 시도는 무의미하게 보일지도 모른다. 한갓 지식을 위한 지식을 얻어 무엇하겠냐는 비판이 가능한 것이다. 그러나 서양 철학자의 진리 탐구 정신은 변하지 않는 절대적인 것을 찾는 고귀한 행위라고 할 수 있다.

어떻든 서양 철학자들은 변하는 모든 것에 의해 영향 받지 않는 가장 객관적인 절대 원리를 찾는 일이 가능하다고 믿어왔다. 그러다가 2천여 년 만에 처음으로, 20세기 후반에 이르러 이러한 시도가 근본적으로 실현 불가능하다는 것을 깨닫게 되었다. 재미있는 것은 이 엄청난 사실이 철학계 내부에서 발견된 게 아니라 다른 학문 분야인 현대물리학에서 도출된 것이라는 점이다. 물론 현대물리학자들은 자신들이 발견한 것을 철학자들이 원용할 것이라는 예측은 전혀 하지 못했다. 원래 자연과학에서 발견된 것이 인접 학문 분야에서 응용되려면 다른 시각이 필요하다. 그래서 현대물리학의 이 발견도 철학계에 곧 반영되지는 않았다. 물질계에서 실험한 것이 고도의 정신계인 철학에 응용되는 데에는 어쩔 수 없이 시간이 걸리는 법이다. 그러면 이러한 경천동지할 현대물리학의 발견은 도대체 무엇일까?

이 발견은 물리학에서 과학적인 실험에 따라 나온 결과이기 때문에 믿을 수 있다. 이 연구 결과는 세계적인 물리학자인 하이젠베르크가 '불확정성 원리Uncertainty Principle'라는 이름으로 정리했다. 불확정성 원리라는 이름은 말 그대로 하면 '(어떤 사안을 파악할 때 그 사안에 대해) 잘 모른다'는 뜻으로 이해할 수 있다. 인간의 능력이 부족해서 그렇게 된 것이 아니라 원래부터 모를 수밖에 없어 이런 식으로 이야기하는 것이고, 그런 의미에서 '원리'라고 한 것이다. 이 이론에 따르면 인간은 어떤 사건을 완전하게 객관적인 상태로 파악할 수 없다. 이 이론은 매우 복잡해서 전체를 설명하는 것은 비전공자인 나로서는 불가능할지 모른다. 그러나 어떤 실험이든 그 '엑기스'는 아주 간단하다. 그 핵심만 알면 실험 전체를 이해할 수 있다.

이 원리가 설명해주는 것은, 인식의 주체인 우리가 외부 현상을 관찰할 때 객관적으로 파악하는 것이 아니라 관찰자인 우리가 개입해서 그 결과를 변질시킨다는 것으로 요약할 수 있다. 인식 주체로서의 우리는 우리와 무관하게 순전히 객관적으로 존재하는 것은 알아낼 수 없다는 것이다. 그렇게 보면 우리가 개입하지 않는 객관적인 세계는 없는 것이라고 할 수 있다. 객관적인 것은 확실하지 않아서Uncertain 잘 모르는 것이다. 그런데 이것은 우리 인간의 인식 능력이 부족하거나 잘못되어서 그런 것이 아니라 그렇게밖에는 되지 못한다는 데에 큰 의미가 있다. 직접 하이젠베르크가 행한 실험을 가지고 설명해보자.

이 실험은 보통 전자나 양자 같은 소립자 차원에서 행해진다. 일단 전자 電子가 하나 있다고 하자. 여기서 이 전자와 관련해서 아주 재미있는 일이 있다. 그것은, 실험자는 이 전자의 위치와 운동량을 동시에 정확하게 측정할 수 없다는 것이다. 이 두 가지 가운데 하나만 알 수 있을 뿐이다. 다시 말해 위치를 정확하게 알면 운동량을 잘 알 수 없고, 운동량을 정확하게 알면 위치를 알 수 없다는 것이다. 여기서 우리는 전자의 위치를 정확하게 알 수 없다는 데에만 집중하자. 보통 어떤 물체가 어디에 있으면 우리는 그 위치를 금세 알 수 있지 않은가? 그런데 전자의 경우는 그게 안 된다는 것이다.

도대체 왜 전자의 위치를 알 수 없다는 것일까? 이 전자의 위치를 알려면 감마선 같은 광선을 쏘아야 한다. 그래서 그 반사된 것으로 전자의 위치를 알 수 있는 것이다. 보통의 빛을 쓰지 않는 이유는 보통의 빛은 파장의 폭이 전자보다 커서 전자를 그냥 지나치기 때문이다. 이것은 밝은 빛과 벽 사이에 머리카락을 놓으면 아무 그림자도 생기지 않는 것과 같다. 머리카락이 빛의 파장의 폭보다 얇아 빛을 가로막지 못하는 것이다. 그런데 감마선은 전자보다 파장의 길이가 짧아 그 일부가 전자에 부딪치게 된다. 그렇게 전자에 부딪친 감마선이 반사해 우리에게 도달하면 우리는 비로소 전자의 위치를 파악하게 되는 것이다.

여기서 문제는 이 감마선이 전자의 위치를 변경하기 때문에 전자의 애초의 위치를 아는 일이 불가능해진다는 데에 있다. 감마선이 전자를 때릴 때 그 전자가 궤도를 벗어나 예측할 수 없는 방식으로 그 방향과 속도(즉 운동량)를 바꾸기 때문이다. 쉽게 말해 감마선을 맞고 전자의 위치가 변한 다는 것이다. 일반적인 물체들은 빛에 비해 충분히 크기 때문에 광선을 쏴 도 그 광선에 거의 영향을 받지 않는데, 전자는 워낙 작아 빛에 의해 자신 의 위치가 바뀌는 것이다.

이것은 우리 객관적인 관찰자는 영원히 전자의 위치를 정확히 알 수 없 다는 것을 말해준다. 물론 전혀 알 수 없는 것은 아니고 확률적으로는 전자 의 위치를 예측할 수 있다. 그런데 이것은 우리의 과학적인 기술력이 부족 해서 그런 것이 아니라 자연이 자신을 드러내는 방식이다. 우리는 자연을 이렇게밖에는 알 수 없는 것이다. 그러니까 자연을 완전하게 객관적으로 파악하는 일이 불가능하게 된 것이다. 그 대신 우리는 외계를 파악할 때 항 상 우리의 주관적인 방식이 개입되어 일정 수준 혹은 어느 정도로 변형시 킨 것만을 알 수 있다.

이것은 대단한 발견이었다. 순전한 객관이라는 것은 존재하지 않는다는 것을 과학적으로 증명해주었기 때문이다. 이 때문에 서양 철학이 수천 년 동안 추구했던 일이 가능하지 않다는 것을 처음으로 알게 되었다. 우리가 파악하는 외계는 있는 그대로의 외계가 아니라 우리의 의식이 그 외계와 끊 임없이 상호작용하면서 만들어낸 일종의 '허구(?)' 같은 세계였던 것이다.

그렇다면 우리 각자는 모두 다른 주관을 가지고 외계를 파악하고 있는 것이 된다. 따라서 우리가 파악하는 외계는 개인마다 다 달라야 한다. 그 런데 왜 우리는 같은 외계를 파악하고 있는 것처럼 느낄까? 그것은 이 외 계가 거시적인 세계라 각자가 파악하는 다름이 무시될 수 있기 때문이다.

우리 모두가 다 다른 외계를 파악하고 있지만 그 다름이 미세해 잘 느끼지 못한다는 것이다. 그러나 여기에 우리의 주관이 깊이 개입하면 서로 파악하는 외계가 상당히 다르게 나타날 수도 있다. 특히 본인의 이익이 개입되면 그때는 외계를 완전히 반대로 파악하는 것도 가능해진다.

우리의 의식은 이처럼 조용히 우리의 내면에 있으면서 객관적인 세계를 하나도 건드리지 않고 있는 그대로 아는 것이 아닌 것이라는 사실이 확실해졌다. 그런데 이 의식 혹은 일상의식, 아니면 자신이 존재한다는 것을 아는 이 인간의 의식은 과연 어떤 것일까? 인간의 전체의식에는 이 자기의식(일상의식)만 존재하는 것일까? 아니면 더 장대한 의식이 있는 것일까? 이처럼 인간의 의식에 대해서는 의문이 끊이지 않는다. 이제 다음 장에서 그 의문에 대한 해답을 극히 일부분이라도 살펴보자.

4. 우리가 파악하는 외계는 우리 의식이 참여해 만든 것!

5

우리의 일상의식은
전체의식의 지극히 작은 부분일 뿐!

이 세 상 은 브 라 만 이 꾸 는 꿈 ?

우리 범인凡人들은 현재 자신이 감지하고 있는 의식이 인간이 가질 수 있는 유일한 의식이라고 철석같이 믿는 경향이 있다. 이 의식은 바로 일상의식을 말한다. 우리는 보통 자신에게는 '나'라는 실체가 있고 그 나를 통해 생각하면서 내 자신의 자아정체성을 유지하고 있다고 믿는다. 그뿐만 아니라 이렇게 그 실체성을 의심받지 않는 '나'라는 의식은 이번 생에만 국한되지 않는다. 기독교나 불교 등 여러 종교에 따르면, 그러한 '나'라는 실체는 이번 생에 간단없이 지속되다가 죽으면 그 의식상태 그대로 영혼의 형태로 바뀌어 영계로 들어간다. 기독교의 경우에는 그 의식(혹은 의식체)은 영계에서 영원히 머문다고 믿고 있고, 불교의 경우에는 그 의식이 영계(불교 용어로는 중음계)에 필요한 만큼 머문 다음 그 인격으로 또 다른 몸속에 들어가서 새로운 삶을 시작한다고 가르친다. 이른바 환생이다.

이렇게 보면 우리가 생각하는 자아의식은 뿌리가 엄청나게 깊은 것이다. 그래서 그런지 우리는 대부분 이 자아의식이 영원히 존재한다고 믿고 있다(물론 사후생을 부정하는 사람은 제외하고). 우리는 여기서 매우 근본적인 질문을 던질 수 있다. 그렇게 강고하게 보이는 이 자아의식은 정말로 존재하는 것일까? 물론 존재한다고 주장하는 쪽이 대세를 이루고 있지만 존재하지 않는다고 주장하는 쪽도 만만치 않다. 특히 불교가 그렇다.

불교 교리에 따르면 이런 자아의식은 존재하지 않는다. 불교 교리 가운데 대표선수처럼 되어 있는 '무아無我 사상'이 그것을 말해준다. 우리의 자아의식이란 허구일 뿐이라는 것이다. 또 영국의 경험주의 철학자 데이비드 흄도 비슷한 주장을 했다. 흄은 경험주의 철학자답게 모든 것을 의심한 것으로 유명한데, 그에 따르면 우리가 생각하는 자아의식은 감각과 지각의 묶음에 지나지 않는다. 즉, 자아의식은 애증이나 고통 같은 특수한 지각으로만 파악될 뿐 그것을 넘어서 그것들을 조종하는 어떤 것이 있는 것은 아니라는 것이다.

이에 반해 데카르트는 처음에는 이 자아의식의 존재를 의심하는 것으로 자신의 논의를 시작했지만 끝에는 그 존재를 인정했다. 데카르트는 존재하는 모든 것의 존재 여부를 의심하는 과정에서 자아(의식)마저 실재하지 않는 것은 아닐까 하는 의심을 품었다. 그런데 내 눈앞에 보이는 모든 것이 환영이라 해도 그 모든 것을 의심하는 자아가 존재한다는 것은 부정할 수 없기 때문에 자아는 실재할 수밖에 없다는 결론에 도달했다. 의심하는 주체가 실재하지 않는다고 하면 아무것도 없기 때문이다. 이런 과정으로 생각한 끝에 데카르트는 그의 상징처럼 되어 있는 유명한 언명인 '나는 생각한다, 고로 존재한다'라는 원리를 남겼던 것이다.

5. 우리의 일상의식은 전체의식의 지극히 작은 부분일 뿐!

여기서 우리는 데카르트가 말한 자아의식을 일단 인정하고 시작하기로 하자. 그것이 존재하든 그렇지 않든 우리는 분명 어떤 의식을 갖고 하루하루의 생을 영위하고 있기 때문이다. 그런데 일상의식이라고 부르는 이 의식에 대해 우리는 이런 질문을 던질 수 있다. '과연 우리 인간에게는 이러한 의식만 존재하는 것일까'와 같은 질문 말이다. 이런 질문을 하는 이유는 이 의식만 존재한다고 하기에는 다른 의식의 편린들이 자주 눈에 띄기 때문이다.

이를테면 무당이 망아경忘我境 상태에 들어갔을 때의 의식은 일상의식이라기보다는 또 다른 층 혹은 다른 영역의 의식이라고 해야 하지 않을까? 또 꿈을 꿀 때의 우리의 의식은 어떤 의식이라고 할 수 있을까? 이것도 일상의식과는 많은 다름을 보인다. 마약으로 인해 생기는 환각 체험도 빠트릴 수 없다. 대마초든 LSD든 코카인이든 환각성 마약을 섭취하면 시공 개념이 일상 상태와는 아주 달라지는 것을 알 수 있다. 저 밖에 있는 세계는 똑같은데 그것을 내가 평소와는 다르게 인식하는 것이니, 이것은 나의 의식에 변화가 생겼다고 생각할 수밖에 없는 것이다. 이것이 사실이라면 이러한 의식 상태는 일상의식과는 다른 의식이어야 한다. 다시 말해 이러한 실험을 통해 우리 인간에게는 일상의식 말고 다른 형태의 의식이 존재한다고 보아야 할 것이다.

이에 대해 미국의 저명한 심리학 및 종교철학자였던 윌리엄 제임스가 제시한 이론은 우리에게 많은 시사점을 제시한다. 그에 따르면 데카르트 등이 말하는 일상적 의식은 이성적 의식으로, 이것은 우리 인간이 지니고 있는 의식 가운데 특별한 형태의 의식일 뿐이라는 것이다. 그는 더 나아가

II. 초일상 속 자아발견 실험

서 이 일상적 의식의 저편(?)에는 전혀 다른 유형의 의식이 잠재되어 있는데 이 두 의식 사이에는 얇은 스크린밖에 없다고 주장했다. 이 말을 받아들인다면 우리 인간에게는 일상적 의식 외에도 다른 수준 혹은 차원의 의식이 있다는 것인데, 이 둘의 관계를 보면 이 의식들이 서로 붙어 있는 것으로 이해될 수 있을 것이다. 나는 이 주장에 부가 설명을 하고 싶다. 우리의 일상의식은 인간의 전체의식에서 얇은 표층만 차지하므로 그 차지하는 부분이 매우 한정되어 있다는 것이 그것이다. 이 점은 앞으로 서서히 더 명확하게 밝혀질 것이다.

일상의식을 넘어선 의식을 이야기할 때 우리는 올더스 헉슬리를 빼놓을 수 없을 것이다. 헉슬리는 『멋진 신세계』와 같은 소설을 쓴 작가이며 당대 유럽을 대표하는 지성인이었다. 그런 그가 메스칼린이라는 일종의 마약을 먹고 자신의 의식이 어떻게 바뀌는지에 대해 큰 관심을 갖게 되었다. 그는 실제로 이 약물을 먹고 자신의 인식 체험이 어떻게 변화했는가를 관찰하면서 그에 대해 『인식의 관문The Doors of Perception』(1954)이라는 책을 펴내기도 했다. 이 메스칼린이라는 약물은 구슬선인장의 일종인 로포포라 Lophophora williamsii의 화두花頭(꽃의 머리) 페요테Peyote에서 추출한 것이다. 페요테는 선인장의 혹 위에 생긴 단추 모양의 것인데, 이것을 먹으면 어떤 환상을 보고 체험하게 된다고 한다. 원래 이것은 아메리카의 원주민들이 종교의식을 할 때 사용하던 것으로, 그들은 의례를 거행할 때 이것을 껌처럼 씹었다고 한다.

이 약물은 일종의 환각제 혹은 최음제인데 이것을 섭취하면 인식의 변화가 생겨 객관적인 세계가 다르게 보인다고 한다. 헉슬리는 이 약물을 먹

고 체험한 세계에 대해 '(사물들이 매우 생생하게 보여) 있는 그대로 보인다'
고 실토한 바 있다. 그리고 처음에 접했을 때 그 뜻을 잘 몰랐던 선의 화두
들이 아주 명징하게 이해됐다고 한다. 이것은 그의 인식이 변화된 것을 말
하는데, 이런 시각에서 그는 책의 제목을 '인식의 관문'이라고 정한 것이
다. 우리는 이 인식의 관문을 통해 사물을 인식하는 것인데 이 관문이 어떤
형태로든 잘못되어 있어 제대로 된 인식을 못하고 있다. 그래서 약물 등의
도움을 받아 이 문을 잠시라도 정화하면 사물의 실제를 볼 수 있다는 것이
그의 주장이다. 이런 헉슬리의 주장에서도 우리의 일상의식과는 다른 의
식이 존재한다는 것을 알 수 있다.

사실 인간의 의식에 대한 이러한 이해는 이미 심층심리학에서 많이 이
야기되어온 것이라 새삼스러울 것은 없다. 중요한 것은 우리는 그 의식 상
태에 따라 외계 혹은 자신이 생각하는 외계를 다 다르게 파악한다는 것이
다. 예를 들어 가장 의식에 가까운 무의식 상태인 꿈에서 우리는 일상의식
인 상태로 깨어 있을 때와 아주 다른 방식으로 세계를 창조해낸다. 꿈에서
는 시간과 공간 개념이 달라지고 자기라는 개념 혹은 생각이 희미해질 뿐
만 아니라 아주 다르게 나타난다. 그래서 자기가 다른 사람이 되어 등장하
기도 하고 심지어는 동물처럼 인간과는 전혀 다른 존재로 바뀌어 나올 수
도 있다.

이것은 자신의 의식 상태가 바뀜에 따라 자신이 파악하는 현실도 달라
지기 때문에 나오는 현상이다. 꿈 상태에서 이미 이 같은 현실에 대한 새로
운 창조가 가능하다면 더 깊은 무의식 상태로 들어가면 어떤 일이 벌어질
지 예측할 수 없다. 이 깊은 무의식 상태에 대해서는 이미 많은 선지자들이

이야기했지만, 문화권마다 또 사람마다 다르게 나타날 수 있기 때문에 일률적으로 말하기가 힘들다.

이처럼 우리 인간은 의식의 여러 차원에서 그 차원에 합당한 실재의 세계를 만들어내고 있다. 일상의식 차원에서 외계를 감지할 때 우리의 주관을 투사하여 자기만의 인식 세계를 만들어낸다는 것은 앞에서 설명한 바 대로다. 그런가 하면 이러한 일상적인 차원을 넘어 자신의 무의식 세계로 들어가면 자신의 머릿속에 있는 여러 개념들을 가지고 일상 세계와는 판연히 다른 세계를 만들어낸다.

이렇게 보면 우리 인간은 모두 다 자기만의 세계에 함몰되어 사는 것이 아닐까 하는 생각이 든다. 거시적으로는 서로가 객관적인 세계에 대해 이해를 공유하는 것 같지만, 미시적으로 들어가면 서로 똑같이 감지하는 것은 하나도 없는 상태에서 자기 식대로만 인식을 하고 있을 것이라는 생각이 든다. 그런 의미에서 우리는 모두가 고독한 섬이라고 할 수 있을지도 모르겠다. 그러나 이것은 사실이 아니라는 것이 나중에 밝혀질 것이다. 우리는 고독한 존재들이 아니라 사실은 하나의 생명, 혹은 같은 의식에서 나온 한 생명체이기 때문이다.

그러나 이런 지혜를 깨닫는 것은 대단히 어려운 일이고 우리는 대부분 일상의식 속에서 온갖 망상을 지닌 채 살고 있다. 여기서 나오는 게 힌두교의 마야 이론이다. 마야란 환상illusion 혹은 환영hallucination을 뜻한다. 힌두교에 따르면 이 우주는 환영이다. 그것이 물질적인 것이든 의식적인 것이든 이 거대한 우주의 모든 것은 환영이다. 그들의 말로 표현하면 이 세상은 브라만의 '그림자'이다.

이 가르침에는 대단히 심오한 면이 있지만 우리의 의식과만 관계해서 보면, 앞에서 본 것처럼 우리는 외계를 모두 자기 마음대로 파악하고 있다는 의미에서 그렇게 말할 수 있다. 다시 말해 우리는 외계를 있는 그대로to See Things as They Are 보지 않고 항상 자기의 의식 상태에 따라 보고 있으니 그렇다는 것이다. 그래서 우리는 저마다 다 다른 꿈을 꾸면서 자신만의 세계 속에 침잠해 살고 있는 것이다. 끊임없는 꿈의 향연이라고나 할까?

우리는 이처럼 외계를 있는 그대로 보지 못하고 그 그림자만 보고 감지하고 있는 것이다. 그뿐만 아니라 그 속에서 또 자기만의 인식 체계를 만들어내 여러 차원의 꿈속에서 헤매는 것이 우리인 것이다. 이렇게만 보면 우리 인간은 대단히 비참한 상황에 있는지도 모른다. 생각해보라. 어떤 사람이 잠에서 한 번도 깨어나지 않고 혼자 꿈을 꾸며 일생을 보내다 죽었다면 그 인생은 얼마나 비참할까(아니, 오히려 더 행복할까)? 그런데 깨친 이들은 우리가 바로 그렇게 살고 있다고 전한다.

그러면 과연 우리는 그런 상태로 영원히 가는 것일까? 꿈을 꾸고 살고 있는데 자신은 자신이 꿈꾸는지도 모르고 그것만이 실재하는 세계라고 생각하면서 살다 가는 것이 우리의 인생일까? 이 생각이 맞는지 맞지 않는지에 대해서는 이제부터 탐구해봐야겠다.

6

드디어 열리는 무의식의 세계, 그리고 동서양의 다른 무의식 이해

붓 다 와 프 로 이 트 의 만 남 을 위 해

인간의 의식에 대해서 별 관심이 없던 서양이 의식에 관심을 갖게 된 것은 심리학이 과학으로 발전하면서부터였다. 그러나 심리학 연구사에 대한 것은 우리의 주제가 아니니 여기서는 건너뛴다. 우리의 주제는 (의식을 포함한) 무의식인데 이 무의식이라는 엄청난 미지의 영역에 대해 최근까지 인류는 동서양을 불문하고 무지했다. 그러다 20세기에 이르러 서양의 프로이트라는 엄청난 천재의 레이더에 걸려 이 무의식이 인류 역사 최초로 빛을 보게 된 것이다.

물론 앞에서 본 것처럼 불교 같은 동양 종교에서 인간의 일상의식 밑에 또 다른 의식이 있다는 것을 주장했지만, 그들은 인간의 무의식을 두루뭉술하게만 보아 개인적 무의식을 보지는 못했다. 그리고 불교가 말하는 무의식은 가장 심층에 있는 무의식(다시 말해 깨달은 상태의 의식)이라 개인별로, 그리고 문화별로 달라지는 다양한 무의식에 대해서는 알지 못했다. 굳이 말한다면 동양 종교는 인류의 보편적인 무의식에 대해 말한 반면 프로이트는 개인적인 무의식에 대해 주장한 것이라고 할 수 있다. 이러한 무의식과 관련해서 심리학이나 정신의학이 전공이 아닌 일반 독자들은 이 프로이트의 공로가 어떤 것인지 잘 모를 것이다. 아무도 보지 않으려고 저 어둠 속에 꽁꽁 숨겨놓은 것을 프로이트가 만인이 보는 앞으로 끄집어 올렸다는 점에서 그의 공로는 아무리 칭송해도 지나치지 않을 것이다.

이 프로이트의 연구에 대해서 간단하게만 말해보자. 프로이트에 따르면 인간은 이성이 지배하는 의식에 의해서가 아니라 온갖 욕망만 들끓는 무의식에 좌지우지당하는 존재이다. 게다가 그 욕망은 리비도라는 성욕으로 되어 있어 인간의 모든 행동은 이 리비도에 의해 움직인다는 것이다. 인간은 그 '추잡한' 성욕과 쾌락의 노예가 된 것이다.

인류는 그동안 허리 이하에 있는 두 기관(생식기와 항문)에 대해 철저하게 모르쇠로 일관해왔다. 흡사 이 두 기관이 존재하지 않는 것처럼 거론하는 것 자체를 금기시했던 것이다. 이 경향은 지금도 이어지고 있는데 그럴 수밖에 없을 것이라는 생각이 든다. 우선 항문은 인간이 가지고 있는 모든 더러움의 원천이다. 항문과 생식기로부터 나오는 똥과 오줌은 인간이 만들어낼 수 있는 최고의 오염 물질이다. 특히 똥의 더러움은 냄새를 비롯해서 다른 어떤 것보다 더하다. 그래서 사람들은 흡사 자신은 똥을 누지 않는 것처럼 행세했다(특히 여성들은 똥과 직결되는 방귀를 뀌는 것조차 금기시하지 않았던가).

프로이트는 인간의 발달 단계에는 항문기라는 일정한 단계가 있다고 주장하면서 항문을 학문 영역으로 끌어들였다. 3세 전후에 걸쳐 있는 이 단계에 있을 때 우리는 배변 과정에서 쾌감을 느끼게 된다. 똥이 배설될 때 항문을 자극해서 쾌감을 느끼는 것이다. 이 설이 맞든 그르든 지금까지 철저하게 무시해왔던 항문을 학계에서 거론한 것은 프로이트가 처음이었다.

프로이트 이후의 학자 가운데 이 항문 연구를 더 발전시킨 학자가 있는데 그는 바로 『죽음의 부정』이라는 죽음학의 고전을 쓴 어네스트 베커 Ernest Becker라는 사람이다. 그에 따르면 인간이 자신이 죽는 존재라는 것을 알게 되는 것은 아기가 자신의 똥을 목격하면서부터라고 한다. 똥을 통해서 자신이 몸이 있다는 것을 알게 되는데, 똥이 고약한 냄새가 나고 부패하는 것처럼 몸도 그렇게 사라질 것이라는 것을 알게 된다는 것이다. 나는 이 사람의 해석에 동의하지는 않지만 프로이트의 학설이 이렇게 새롭게 발전되는 모습을 보여주기 위해 이 사람을 예로 들어본 것이다.*

이보다 더 극적인 것은 생식기에 대한 것이다. 성욕과 직결되는 생식기를 프로이트처럼 논의의 전반에 올린 학자는 없었다. 이 성 혹은 성욕이라는 것은 지극히 위험한 것이라 생각해 사람들은 그저 모르는 척했다. 이 욕망은 무의식 속에 갇혀 있었고 사람들은 그 속성을 잘 알지 못했다. 그런데 이 욕망이 분출되면 기존 사회 질서를 파괴할 만큼 엄청난 에너지가 파생되었다. 또 지극히 본능적이라 문화의 지속에도 큰 위협이 되었다. 사람들은 이 욕망이 자신의 가장 깊은 내면에 있다는 것을 알았다. 자기의

---

* 프로이트의 학설을 이어 새롭게 발전시킨 학자들은 이 이외에도 많다. 너무 많아 그 수를 다 헤아릴 수 없을 지경이다. 융이나 아들러Alfred Adler는 말할 것도 없고 에리히 프롬Erich Fromm, 에릭 에릭슨Erik H. Erikson, 롤로 메이Rollo May, 카렌 호니Karen Horney 등이 모두 신新프로이트 학파 일원이라 할 수 있다.

가장 깊은 곳에 그 속성을 잘 알지 못하는 괴물이 살고 있는 것이었다. 그래서 사람들은 이것을 외면한 것이다. 직면하기에는 너무도 무서웠기 때문이다.

인류가 본능적으로 갖고 있던 이 같은 해묵은 두려움을 햇빛 아래 끌고 나온 것이 프로이트였다. 그리고 그는 우리의 무의식 속에서 꿈틀거리는 거대한 욕망을 직면하라고 요구했다. 이 같은 일은 동서양을 막론하고 이룩해낸 사람이 없었다. 특히 이것은 서양인의 과학적인 태도가 일궈낸 쾌거라 할 수 있다. 인류는 프로이트 덕에 의식을 그 너머 무의식으로 서서히 확장하기 시작했다. 일상의식의 기반이 되는 무의식으로 여행을 떠나기 시작한 것이다.

이제 우리는 이런 무의식에 대해 공부해 나아갈 것이다. 이 목적을 위해 우리는 동양과 서양의 연구 성과를 모두 둘러보아야 한다. 동서양의 연구를 통합해야 인간의 의식을 전체적으로 이해할 수 있기 때문이다. 동양과 서양은 우리 인간이 지닌 무의식의 어느 한 면이나 한 층만을 강조해 설명했기 때문에 한쪽만 취하면 무의식에 대한 이해가 편파적이 될 수 있다.

왜 편파적이라고 하는 것일까? 다음과 같은 이유 때문이다. 우선 동양에 대해서 보면, 동양 종교들은 너무 깊은 심층 의식에 대해서만 말하기 때문에 욕망만이 들끓는 개인적 무의식에 대해서는 상대적으로 설명이 부족하다. 따라서 인간이 현실을 살아가면서 부딪치는 악이나 고통에 대해서는 설명이 부족할 수밖에 없다. 주지하다시피 불교나 힌두교(그리고 유교도 포함) 같은 동양 종교들은 하나같이 인간은 근본적으로 완전한 존재라고 가르치고 있다. 이것은 이 종교들의 교리에 잘 나타나 있다.

우선 불교에서는 인간을 모두 붓다가 될 수 있는 최상의 존재로 묘사한다. 모든 인간(더 정확하게 말하면 모든 유정有情의 존재)은 의식의 가장 심층부(?)에 불성이 있기 때문에 붓다가 될 수 있는 가능성을 갖고 있다는 것이다. 힌두교도 인간의 절대성을 긍정하는 면에서는 불교와 같다. 힌두교의 정통 교리에 따르면 가장 심층적 개아個我인 아트만ātman은 절대적 실재인 브라만과 같다. 이 교리를 아주 거칠게 이야기하면 '내가 신이다'라는 의미로 해석할 수 있다. 유교에서도 사람의 성품이 하늘의 그것과 같다고 하니 같은 선상에 있는 것을 알 수 있다. 이처럼 동양의 종교에서는 하나같이 인간을 절대적인 긍정적 존재로 보고 있다.

그래서 동양 종교만 보면 인간에게는 흡사 아무 문제도 없는 것처럼 보인다. 아니, 내가 부처이고 내 성품이 하늘로부터 왔다는데 무슨 문제가 있겠는가? 인간은 문제가 있는 게 아니라 최고의 존재로만 보였다. 이처럼 동양 종교에서는 인간을 너무 긍정적인 존재로만 그렸다. 그러나 실제의 인간은 어떤가? 일상에서 만나는 인간들은 그런 존재와 거리가 멀다. 거리가 멀어도 보통 먼 게 아니다. 현실에서 보는 인간은 누구다 할 것 없이 끝없는 이기주의에 따라 욕망만 좇는 존재 아닌가? 그들은 평생 돈과 성(적인 쾌락)과 권력만을 좇으면서 살고 있지 않은가?

우리의 보통 모습은 이러함에도 동양서는 이런 모습을 직시하지 않았다. 불교만 보아도 그렇다. 지금까지 그렇게 많은 사람들이 깨달음을 얻을 수 있다는 확신을 가지고 제 나름대로 참선과 같은 수행을 극히 강도 높게 했지만 그 가운데 실제로 깨달음을 얻는 사람은 거의 없다. 이 사람들은 인간적인 욕망과 권력을 향한 의지를 극복하는 데에 거의 실패했다. 사정이 이렇게 된 것은 우리 인간에게는 그처럼 대단한 부정적인 마음이 마음 저 깊은 속에 도사리고 있기 때문일 것이다. 동양 종교는 바로 이러한 면을 보는 데에 약했다.

반면에 서양은 개인적인 무의식에 나타나는 부정적인 면만 강조해 인간이 불성佛性이나 신성을 가진 완전한 존재라는 것을 잊고 있었다. 이 점은 프로이트가 파악한 무의식만 보아도 충분히 알 수 있다. 프로이트의 인간관에서는 긍정적인 것을 찾기가 힘들다.* 프로이트가 생각하는 인간에게서는 성, 욕망, 죽음과 같은 부정적인 이미지만 떠오르는 것은 어쩔 수 없는 일이다. 사정이 이렇게 된 데에는 기독교의 인간관이 끼친 영향이 클 것이다. 주지하다시피 기독교는 인간을 근본적으로 죄인으로 파악한다. 인간에게는 긍정적인 것이 하나도 없는 것이다. 인간은 오로지 예수의 힘으로만 긍정의 세계로 나올 수 있다. 서양을 근 2천 년 동안 지배했던 기독교는 이런 인간관을 제공한 탓에 그 뒤 서양인들이 인간을 조망하는 데에 결정적인 영향을 주게 된다.

프로이트가 인간을 성욕만 있고 제 어미를 차지하려 아비를 죽이려 하는 괴상한 존재로 그린 데에는 이런 배경이 있는 것이다. 이렇게 보면 프로이트는 동양 종교가 조망한 인간 의식의 가장 깊은 부분에 대해서는 전혀 알지 못했다고밖에 할 수 없을 것이다. 그의 제자인 융이 프로이트의 인간관을 벗어나 긍정적인 부분으로 진입을 시도했지만, 동양에서 말하는 궁

....

* 물론 프로이트의 제자인 융이 인간의 무의식 안에서 긍정적인 것을 발현했다는 것을 잊어서는 안 된다. 그러나 서양의 심층심리학의 정통은 프로이트로 보아야 하기 때문에 여기서는 프로이트에 대해서만 보기로 한다.

II. 초일상 속 자아발견 실험

극의 세계와 비교해보면 융이 도달한 곳은 동양에서 말하는 궁극적인 지점과는 한참 떨어져 있는 것을 알 수 있다.

이렇게 동서양에서 각각 행해진 인간에 대한 이해를 보면 모두 부분적이라고 할 수밖에 없다. 이 둘은 인간의 무의식을 양분하여 표층과 기층을 묘사하고 있으니 그렇다는 것이다. 서양의 심리학은 표층을 묘사하는 데에 주력하고 있다면 동양 종교는 기층에 깔려 있는 부분을 설하고 있는 것이다. 따라서 이 둘을 합한다면 인간 의식에 대한 전체적인 그림이 나올 수 있지 않을까 하는 생각이 든다. 이런 의미에서 21세기 의식연구의 최고 고수인 켄 윌버가 자신의 연구는 '프로이트와 붓다의 만남'이라고 한 것은 대단히 뛰어난 통찰력이라 하겠다. 이 둘의 이론을 결합한다면 무의식을 중심으로 하는 인간의 의식이 전체적으로 드러날 것으로 생각한다. 이렇게 탐색해 나아가는 과정은 어떤 연구보다 재미있지 않을까?

7

꿈 등을 통해 다시 해석되는 우리의 무의식

의식심리학자들은 인간의 의식은 많은 층으로 되어 있다고 주장한다. 정신분석학에서 우리의 전체의식을 '의식', '전의식', '무의식'으로 나누는 것은 그 전형적인 예이다. 여기서 의식은 각성상태 때 갖는 의식을 말하고 전의식은 의식 바로 밑에 있어 보통 때는 의식되지 않지만 쉽게 다시 끄집어낼 수 있는 생각들을 말한다. 이러한 전의식적인 내용은 종종 백일몽이나 몽상을 할 때 의식 표면으로 떠오르기도 한다. 이에 비해 무의식은 잘 알려진 것처럼 의식에 의해 인식되지 않는 부분으로 항상 의식의 기저를 이루는 것으로 이해되어왔다.

이 무의식은 프로이트가 처음으로 주장한 이래 많은 학자들이 연구에 연구를 거듭해서 상당한 발전을 이루었다. 프로이트가 주장한 무의식은 이미 많은 지면에서 설명되었기 때문에, 여기서는 그가 이해한 무의식이 초창기에 주장되었던 것이라 그런지 불충분하거나 부적절하다는 것을 지적하고자 한다. 잘 알려져 있지만 그가 주장한 무의식에 대해 이야기할 때 항상 등장하는 그림이 있다. 그런데 이 그림은 무의식에 대한 잘못된 이해를 조장하고 있어 문제이다. 이 그림은 보통 다음과 같이 나온다.

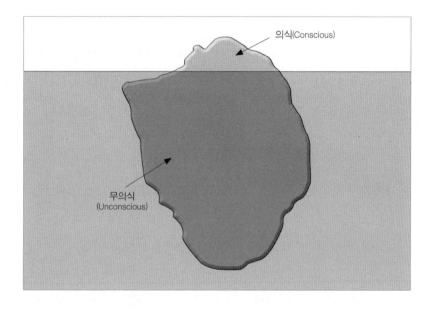

이 그림의 취지는 충분히 알 수 있다. 사람들은 보통 평상시의 이성적 각성의식만 존재한다고 생각하는데 우리의 전체의식에는 이성적인 것과 거리가 먼 무의식이 훨씬 더 많은 부분을 차지하고 있다는 것이 이 그림이 전달하고자 하는 내용이다. 그것을 나타내고자 물 위에 떠 있는 빙산을 비유로 든 것이다. 빙산은 겉으로만 보면 바다 위에 떠 있는 부분이 전체의 대부분이라고 생각하기 쉽지만 사실은 그보다 8~9배 되는 부분이 바다 밑에 잠겨 있다. 우리의 (무)의식도 이와 같다는 것이다. 거대한 무의식의 존

7. 꿈 등을 통해 다시 해석되는 우리의 무의식

재를 우리에게 알려주었다는 면에서 이 그림은 탁월한 내용을 담고 있다고 하겠다.

그런데 이 그림에는 심대한 문제가 있다. 이 그림을 있는 그대로 받아들이면 무의식은 의식보다 부피가 그저 8~9배에 그치게 된다. 무의식에 대한 오해는 여기서부터 시작된다. 무의식은 그 정도가 아니기 때문이다. 물론 프로이트는 무의식이라는, 그동안 인류에게 감추어져 있었던 의식 영역을 인류에게 새롭게(?) 소개한 공이 있다. 다시 말해 인간의 (무)의식 연구의 물꼬를 텄다는 점에서 프로이트는 엄청난 일을 한 것이 틀림없다. 그런데 프로이트 자신도 연구 초기에는 자신이 발견한 무의식이 얼마나 장대한 것인지 몰랐던 것 같다. 그가 발표한 인간의 무의식은 성욕이나 억압 등 부정적인 것들로 가득 차 있었으니 그럴 수밖에 없었을 것이다(그러나 후기에 프로이트 역시 무의식의 장대함을 깨달아 우리 인간에게 무의식은 끝내 수수께끼로 남을 수밖에 없다고 주장한 것을 잊어서는 안 되겠다).

프로이트가 인간의 무의식이라는 일종의 판도라 상자를 열자 처음에는 어두침침하고 부정적인 것들이 나오기 시작했다. 인류가 프로이트라는 천재의 도움을 받아 인간의 무의식이라는 끝을 알 수 없는 깊은 바다로 잠수하기 시작한 것이다. 그때 인류가 처음으로 접한 것이 성욕, 죄, 억압, 죽음 같은 부정적인 것이었다. 그러나 한번 무의식을 접한 인류는 두려움에 떨지 않고 더 깊은 무의식 속으로 들어갔다. 그 결과 우리의 무의식이야말로 놀랍도록 탁월한 지혜를 가진 존재인 것을 알았다. 그런데 이러한 것을 어떻게 알 수 있었을까?

그것은 다름 아닌 꿈을 통해서였다. 꿈은 무의식의 바다에서 맘껏 그리는 상상화라고 할 수 있다. 상상화라고 한 것은 꿈에 수많은 상징이 등장하기 때문이다. 상징만 나오는 것이 아니라 한 번도 가본 적이 없는 곳이 등장하는가 하면 온갖 동물들이 나오고 한 번도 만난 적이 없는 이상한 존재들이 출현하는 곳이 꿈이다. 이 때문인지 인류는 대부분의 경우에 꿈이란 그저 자면서 하는 잡생각에 지나지 않는다는 생각을 갖고 있었다. 물론 가끔 꿈을 통해 계시를 받았다거나 죽은 사람을 만났다는 증언이 있었지만 인류는 그동안 꿈을 그다지 중요하지 않게 생각했다.

그러나 융을 위시한 에리히 프롬 같은 후post프로이트 학자들의 면밀하고 통찰력 있는 연구로, 꿈은 프로이트가 주장한 것처럼 소망 충족의 한 수단으로만 그치는 것이 아니라는 것을 알게 되었다. 잘 알려진 것처럼 프로이트는 인간이 꿈을 꾸는 이유는 낮에 억압되어 있던 것을 충족시키기 위해서라고 주장했다. 특히 낮에 각성상태로 있을 때 억압당한 성욕이 그 충족을 위해 꿈에 여러 가지 모습으로 나온다는 것이 그의 주장이었다. 그래서 그가 해석한 꿈에는 인간의 성기를 상징하는 것이 많이 나온다. 예를 들어 권총처럼 앞으로 튀어나온 것은 남성 성기를 상징하고 우물처럼 구멍이 있는 것은 여성 성기를 상징한다는 것이 그것이다.[*]

그러던 것이 융에게로 오면 꿈은 인류 전체가 지닌 지혜의 창고로 바뀐다. 융은 자신이 치료하는 환자들에게 꿈에서 본 이미지를 그림으로 그리게 했는데 놀랍게도 그 전체적인 모습은 불교의 만다라와 흡사했다. 이것

---

[*] 이에 대한 자세한 것은 프로이트의 『꿈의 해석Die Traumdeutung』(1899)을 참조하면 된다.

에 대해 융은 환자들이 만다라라는 인류가 집단적으로 갖고 있는 치유적 이미지 혹은 그 같은 상징을 통해 내면적인 부조화를 극복하려고 한다고 해석했다. 만다라를 아주 간단하게 설명하면, 인간이 가진 마음 가운데 가장 깊은 곳에 있는 깨달음의 자리를 도형으로 표현한 그림이라고 할 수 있다. 그런 때문인지 만다라는 완전한 도형이라 할 수 있는 원과 사각형 등으로 구성되어 있다.

이처럼 융에게만 와도 꿈은 프로이트와는 영 다르게 해석된다. 겨우 한 세대 만에 꿈의 해석이 정반대로 바뀐 것이다. 이렇게 한번 물꼬가 터진 꿈에 대한 긍정적인 해석은 내처 그 방향으로 나아갔다.

8

놀라운 예지력을 가진 꿈

개인적 경험을 중심으로

바로 앞에서 인간의 꿈은 지혜의 보고라고 했는데, 그 지혜에는 미래에 대한 예지력도 포함된다. 우리의 꿈은 우리의 마음에 문제가 생길 때 그 문제를 해결하려고 노력할 뿐만 아니라 미래에 대해 끊임없이 예견해주고 있기 때문이다. 그래서 우리는 꿈의 분석만을 통해서도 괄목할 만한 성과를 낼 수 있다. 그러나 우리는 이 일을 제대로 못하고 있다. 우리가 꿈을 이해할 수 있는 언어를 잊어버렸기 때문이다(원래부터 모르고 있었는지도 모르지만). 꿈에서는 생시와는 전혀 다른 언어적 표현이 사용되고 있는데 우리는 그것을 읽어내지 못하는 것이다.

우리는 잠을 잘 때 무의식의 세계로 침잠하게 되는데 이 무의식의 세계는 앞에서 말한 것처럼 온갖 지혜로 가득 차 있다고 했다. 그런데 우리는 이 세계를 꿈의 언어로 표현하니 꿈 역시 지혜의 보고가 되는 것은 당연한 일이라 하겠다. 물론 꿈은 지혜로만 가득 차 있는 것은 아니다. 우리의 의식이 그런 것처럼 부정적인 것도 만만치 않게 있다(특히 개인적 무의식과 관련한 것은 부정적인 것이 많다). 여기서는 꿈의 지혜적인 측면만 다룰 것인데 문제는 꿈의 표현이 생시의 그것과 많이 다르다는 데에 있다. 꿈에는 수많은 상징과 은유가 등장하기 때문에 그것들을 읽어낼 수 있는 전문적인 훈련을 받지 않으면 꿈을 제대로 해석할 수 없다.

꿈은 평시 각성상태에서는 가질 수 없는 지혜를 포함하고 있어 그에 힘입어 놀랄 만한 예지력을 갖고 있다고 했는데, 이 점에 대해서 나는 전적으로 동의한다. 내 자신도 지금까지 꿈의 이러한 모습을 많이 경험했기 때문이다. 이런 예지력은 아무 때나 발동되는 것이 아니라 내가 중요한 일을 할 때처럼 인생의 중요한 순간에만 나타나는 것 같았다. 그런데 이때 말하는 중요한 일이라는 것은 각성상태에서 중요한 일이라고 생각하는 것과는 달랐다. 다시 말해 의식과 무의식이 생각하는 것이 달랐다.

예를 들어 내가 어떤 일을 새로 시작하면서 이 일은 대단히 중요하다고 생각했지만 꿈에서는 아무런 동조의 징조가 보이지 않는 경우가 있었다. 그래서 이상하다고 생각했는데, 그런 경우에 그 일은 실제로 아무것도 아닌 일로 끝이 났다. 이것은 예외를 보지 못했다. 반대로 현실 세계에서 별생각 없이 시작한 일인데 꿈에서는 여러 상징으로 그 일의 중요성이나 의미를 알려주는 경우가 있었다. 그러면 그 일은 곧 현실의 세계에서 나에게 상당히 중요한 일로 판명되었다. 내가 낮에 생각하는 것과 밤에 생각하는 것이 이렇게 달랐던 것이다. 이렇게 말해가지고는 잘 모를 터이니 한두 가지 예만 들어보자.

나는 수년 전에 동료들과 함께 인간의 죽음을 다루는 '한국죽음학회'라

II. 초일상 속 자아발견 실험

는 학회를 시작했다. 죽음을 주제로 한 최초의 학회였기 때문에 그 학회를 시작할 때 나는 언론으로부터 상당한 관심을 받았다. 내가 태어나서 그렇게 많은 관심은 처음 받아보았다. 언론사에서는 우리 학회가 인간의 죽음이라는 대단히 특이한 주제를 다루니 좋은 기삿거리로 생각한 것이다. 그런데 정작 나는 당시 시작한 일이 대단하다고 생각하지 않았다. 그때까지 나는 많은 학회를 만들어보았기 때문에 이 죽음학회도 그중 하나로만 생각했지 특별한 의미가 있다고 여기지는 않았다. 그런데 꿈이 보는 시각은 달랐다. 그때 나의 꿈에는 평소에는 거의 보지 못했던 의미심장한 이미지가 나왔기 때문이다.

이 꿈의 앞뒤는 잘 생각이 나지 않는데(꿈의 내용 중 잘 생각나지 않는 것이 있다면 그것은 그다지 중요한 내용이 아니라는 것을 뜻한다) 일단 시작은 한옥이 멀리서 보이는 장면이었다. 그 한옥은 멀리서는 엉성해 보였는데 가까이 가서 보니 꽤 잘 만들어진 한옥임을 알 수 있었다. 왜 갑자기 한옥이 나왔을까? 내 개인적인 생각으로 여기서 이 집은 우리 문화를 상징한다. 꿈을 해석할 때에는 그 어떤 해석보다도 그 꿈을 꾼 당사자가 생각하는 이미지가 가장 중요하다. 꿈 해석을 하는 사람들은 이 이미지를 가지고 해석하는 것이다. 따라서 같은 이미지가 나온다 하더라도 꾸는 사람이 다르면 다르게 해석해야 할 때가 많다.

그런데 왜 이 한옥은 멀리서는 엉성하게 보이다가 가까이 가니까 멋있게 보였을까? 이것은 우리 문화는 처음 보았을 때는 별것 아닌 것처럼 보이지만 자세히 보면 아주 훌륭한 것이라는 것을 의미한다. 그래서 이 한옥을 멀리서 보았을 때에는 엉성해 보였지만 가까이 가서 실제의 모습을 보

8. 놀라운 예지력을 가진 꿈

왔더니 잘 만들어진 모습으로 나타났던 것이다. 이것은 또 현대의 한국인들이 자국의 문화를 대하는 태도와 비슷하다. 많은 한국인들은 아직도 자신들의 문화가 다른 나라의 문화에 비해 뒤떨어지는 것으로 파악하고 있다. 특히 서양의 문화에 대한 동경은 대단하다. 그러나 한국 문화는 주밀하게 보면 대단히 훌륭한 문화이다. 이 문제는 우리의 주제가 아니니 여기서는 그냥 지나치기로 하자.

다시 이 꿈으로 돌아가면, 한옥을 만나고 나는 왼쪽으로 방향을 틀었다(이때 오른쪽이 아니라 왼쪽으로 튼 데에도 그 나름의 의미가 있을 터인데 그런 세세한 것은 여기서는 그냥 지나치자). 그랬더니 갑자기 고가도로처럼 생긴 커다란 규모의 돌다리가 나왔다. 이 돌다리의 영상은 7~8년이 지난 지금도 생생하게 생각이 난다. 나는 이런 상징을 그때까지 꾼 어떤 꿈에서도 본 적이 없었다. 그래서 그때 그 꿈을 해석하기에 바빴는데, 왜 돌로 만든 다리일까?

일단 이렇게 돌이 큰 규모로 나오는 것은 그 상징성이 아주 분명하다. 돌이란 원래 변하지 않는다는 상징적인 의미가 있다. 그렇지 않은가? 우리는 돌 하면 항상 굳건하다는 이미지를 떠올린다. 우리가 비석 같은 것에 자신의 이름을 새겨놓는 것도 내 이름이 그 돌과 함께 영원하기를 바라는 마음에서 나온 행위라 할 수 있다. 나는 1990년대 중반에 '국제한국학회'라는 학회를 처음 시작할 때에도 돌산의 꿈을 한두 번 꿨다. 북한산에 있는 인수봉처럼 돌로만 되어 있는 높은 산이 나오는 꿈을 꾼 것이다(그 외에도 동료들과 돌로 만든 장갑차를 타고 전조등을 환하게 밝히면서 어디론가 떠나던 꿈도 같이 꾸었다!).

이렇게 꿈에 돌이 나오는 것은 대체 무슨 뜻일까? 이때에도 마찬가지 해석이 가능하다. 지금 시작한 일이 돌처럼 영원히 — 적어도 이번 생 동안 — 간다는 것을 뜻하는 것이다. 이런 시각에서 보면 그때 광범위하게 시작한 한국학이라는 공부가 잠깐 하다가 마는 것이 아니라 필생 동안 할 것이라는 것을 이 돌산의 꿈이 예시한다고 할 수 있다. 그때 꿈 해석 전문가에게 물어보니 이런 꿈은 일생에 한두 번밖에는 꾸지 않는다고 했다. 실제로 그 뒤로 나는 다시는 이런 꿈을 꾸지 않았다. 이 꿈은 대단히 정확했다. 그 뒤로 나는 지금까지 약 20년 동안 이 한국학을 천직으로 여기고 공부해 왔기 때문이다.

다시 앞에서 본 돌다리 꿈으로 돌아가자. 이 꿈에서 돌이 상징하는 것에 대한 의문 다음으로 의문이 제기되는 것은 다리가 의미하는 상징이다. 다리란 능히 짐작할 수 있듯이 두 영역 혹은 두 세계를 잇는 것을 상징한다. 따라서 이 꿈에서 다리가 나온 것은, 내가 한국에서 처음으로 시작한 죽음학회는 삶과 죽음이라는 두 영역을 잇는 역할을 할 것이라는 것을 말해주는 것이다. 죽음학은 죽음만 연구하는 학문이 아니다. 죽음학에서는 항상 삶을 전제로 하고 이승에서 삶을 잘 사는 것을 중요하게 생각한다. 그 때문에 죽음학이라는 것은 삶과 죽음을 연결하는 학문이라고 할 수 있다.

그런데 그 다리가 돌로 되어 있다는 것은 앞에서 말한 대로 내가 이 학회와 관계되는 활동을 한두 해 하고 끝내는 것이 아니라 상당히 지속적으로 할 것임을 암시한다. 실제로 나는 그 뒤로 죽음학에 관한 책을 여러 권 냈을 뿐만 아니라 이 학회의 구성원들과 지금까지 근 10년 동안 지속적으로 친분을 갖고 연구를 하고 있다. 그리고 '인간의 죽음과 죽어감'과 같은 제

185
8. 놀라운 예지력을 가진 꿈

목으로 여러 군데에서 강의도 했다.

그다음에 살펴보아야 할 것은 한옥이 나왔다는 것이다. 죽음학회와 관련된 꿈에 한옥이 등장한 것은 이 학회나 나의 죽음 연구가 한국 문화와 깊은 관련이 있을 것이라는 것을 말해주고 있다. 내가 동료들과 이 학회를 만든 목적은 인간의 죽음에 대해 연구하는 것과 동시에 '어떻게 하면 한국인들이 죽음을 잘 맞이할 수 있을까?'라는 의문에 답을 찾는 것이었으니, 이 꿈이 시사하는 바는 정확하다고 할 수 있다.

지금까지 본 것처럼 이 꿈에서 놀라운 것은 예지력도 예지력이지만 어떻게 꿈이 그렇게 정확한 상징을 선택해서 우리에게 보여주느냐는 것이다. 앞에서 본 꿈에서 이승과 저승을 잇는 것을 상징하기 위해 다리를 등장시킨 것은 절묘하다고 하지 않을 수 없다. 도대체 그런 적합한 상징을 찾아내 꿈에 올리는 것은 누가 하는 일일까? 그것은 말할 것도 없이 우리의 무의식이다. 무의식밖에는 없다. 개인의 의식으로는 안 된다. 아마도 지혜의 보고인 이 무의식이 가장 적절한 것을 '무의식적으로' 찾아 개인의 의식에 투영해서 꿈속에서 보여주는 것일 것이다.

그런가 하면 어떤 때는 내가 직면한 어떤 일이 굉장히 중요한 일 같은데 꿈에서 아무 예시가 없는 경우가 있다고 했다. 그래서 이상하다고 생각하고 있으면 실제로 그런 일들은 처음에만 요란하다가 곧 사그라져 용두사미 꼴이 되곤 했다. 예를 들어보면, 한번은 타인들로부터 중요한 제안을 받았는데 마음이 썩 내키지 않았다. 그래서 그 제안을 받아들일까 말까 주저하고 있었는데 그 당시 꾸었던 꿈은 다음과 같이 진행되었다. 꿈에서 골목길을 가고 있는데 구정물이 내려왔다. 웬 구정물인가 생각하면서 더 위로

가면 물이 맑아지지 않을까 해서 위로 올라가 보았는데 아무리 가도 물이 맑아지지 않았다. 이상하다고 생각하면서 깨어나서 생각해보니, 이 꿈은 내가 그 당시 받은 제안이 지저분할 뿐만 아니라 앞으로도 계속 그러할 것이니 수락하지 말라는 의미로 해석되었다. 그래서 나는 그 꿈이 보여준 대로 그 사람들과 접촉을 끊었다. 지금도 생각해보면 그 결정은 잘한 것이었다. 그 모임은 그 뒤에 지리멸렬해졌기 때문이다. 꿈은 대체 어떻게 미래가 어떻게 될 것인가를 알고 그렇게 정확한 현시를 했는지 신기하기만 하다.

꿈의 해석과 관련해 더 재미있는 일이 있다. 2013년 4월 물심양면으로 많은 노력을 기울여 '한국문화중심'이라는 문화공간을 열었다. 그때 나는 새로운 공간을 열고 혼자서 한창 들떠 있었다. 꽤 돈을 들여 한국적인 양식으로 잘 꾸며놓았으니 프로그램만 좋으면 사람들이 대거 몰려들 거라고 기대하고 있었다. 그런데 그즈음 꾼 꿈에 느닷없이 돌아가신 아버지가 나왔다. 그것도 온전한 상태가 아니라 부상당한 채로 길에서 정신없이 비틀거리는 모습으로 나왔다. 그래서 그 꿈을 꾸면서 나는 '아니, 어떻게 돌아가신 아버지가 살아 있을까' 하고 의구심을 가지면서도 일단 아버지를 도와야 하니 부축을 했다. 이처럼 꿈에 아버지가 나오면 그것은 상징적으로 볼 때 당사자에게 가장 중요한 일을 뜻하는 경우가 많다(실제의 아버지에게 무슨 일이 생긴 것은 아니다!).* 한국 같은 가부장제 사회에서 아버지란 가

---

* 이런 꿈을 꿨을 때 사람들은 대부분 자신의 아버지에게 실제로 무슨 큰일이 일어난 줄 알고 아버지에게 직접 전화를 해서 괜찮으냐고 묻는다. 그러면 아버지는 '아무 일도 없는데 갑자기 왜 그러느냐고 생소해한다. 이것은 당연한 귀결이다. 다시 말하지만 꿈에 나오는 사람은 모두 자기의 분신 혹은 이미지이기 때문에 그 꿈이 꿈에 나왔

장 중요한 인물이기 때문이다. 어떻든 꿈에서 나는 돌아가신 아버지가 어떻게 살아 있을까 하고 의아해하면서 그 비틀거리는 아버지를 모시고 집으로 돌아가려 했는데 당최 집을 찾을 수가 없었다.

이 꿈은 이보다 더 복잡하게 전개됐는데 그것을 다 볼 필요는 없겠다. 지금까지 설명한 것만 가지고 보면, 이 꿈은 내가 이 공간을 열고 상당 기간 헤맨다는 것을 보여주는 것이었다. 생각건대 꿈에 나온 아버지는 바로 이 문화공간을 뜻하는 것이 명확했다. 내게는 이 공간이 실제 생활에서 아버지만큼 중요했기 때문이다. 그런데 그 아버지가 비틀거리니 이것은 이 공간의 운영이 내 기대와는 달리 순탄치 않을 것이라는 것을 암시하는 것이었다. 실제로 이 공간을 열고 거의 2년 이상 운영에 큰 어려움을 겪었는데, 초기에는 그렇게 되리라고는 꿈에도(?) 생각하지 못했다. 그런데 꿈은 미리 알고 있었으니 신기하기 짝이 없는 일이었다. 꿈의 이러한 능력은 프로이트의 무의식을 가지고는 설명하지 못한다. 꿈이 가진 이런 신이한 능력을 어떻게 설명할 수 있을까? 이제 그것을 보기로 하자.

던 사람과 직접적으로 연관되는 경우는 그리 많지 않다.

9

그 바닥을 알 길이 없는 우리의 무의식

꿈이란 이렇듯 신비롭기 짝이 없다. 앞에서 든 예를 통해서 놀랍게 생각되는 것은 꿈(정확히 말하면 무의식)은 앞으로 일어날 일에 대해 어떻게 알고 있느냐는 것이다. 내가 학회를 만들든 문화공간을 만들든, 무의식은 그 일들이 어떻게 진행될지를 정확하게 알고 있었다. 그것도 1년 이상이나 되는 긴 세월 동안 나의 활동이 어떻게 진행될지를 정확하게 알고 있었으니 놀라운 것이다.

게다가 그 활동이 내게 중요한 것인지 아닌지에 대해서도 무의식(꿈)이 정밀하게 파악하고 있었다. 그래서 중요한 일에는 꿈이 반드시 계시 같은 것을 준 반면 그렇지 않은 일에 대해서는 그 일이 아무리 대단한 일처럼 보였어도 아무 반응이 없었다. 내 기억에 꿈의 이러한 반응은 한 번도 틀린 적이 없었던 것 같다.

그러면 도대체 꿈들은 이런 사실들을 어떻게 알고 있을까? 물론 여기서 말하는 꿈은 우리의 무의식을 뜻한다. 이런 꿈을 꿀 때마다 느끼는 것은 이 꿈의 근원이 내가 아니라는 것이다. 평상시의 각성상태에서 나의 이성은 이런 예지를 전혀 행사하지 못했고, 그 반대로 잘못된 판단을 하기가 일쑤였기 때문이다. 내 별 볼 일 없는 이성은 감히 이런 지혜를 넘볼 수 없다. 그런데 꿈이 보여주는 예지는 나의 능력을 훨씬 벗어나는 것이라 그 원천이 내가 아니라 다른 어떤 지혜로운 근원에서 온다는 느낌이 강하게 들었다. 개인적으로 이런 경험을 해보니 심층심리학자들이 주장하는 것처럼 꿈이 은유나 간접적인 상징을 통해 무의식 깊은 곳에 있는 지혜를 전달하는 중요한 통로라는 데에 동의할 수 있었다.

그래서 꿈이 보여주는 것은 내 자신이 만들어냈다는 느낌이 들지 않고 우리 인류가 공통으로 가지고 있는 심연의 어떤 것에서 나온다는 생각이 강하게 들었다. 다른 식으로 표현하면, 우리 무의식의 심연으로 더 깊이 들어갈수록 나라는 개아성은 약해지고 융이 말한 인류 전체의 집단무의식의 존재 같은 것을 느낄 수 있었다. 그러니까 앞에서 언급한 꿈들은 나만 꾸는 것이 아니라 인류라면 누구나 꾸고 있는 것이다. 사람들은 그런 꿈을 노상 꾸면서도 그것을 해독하는 방법을 알지 못해 그냥 지나쳤던 것이다.

그래서 20세기 최면학의 대가였던 밀턴 에릭슨(심리학자인 에릭 에릭슨이 아님!)이, 우리 모든 개인들은 무의식 속에 자신이 아는 것보다 훨씬 더 많은 능력과 자원을 가지고 있는데 불행하게도 이것을 알지 못해 행복하거나 만족스러운 삶을 살지 못한다고 한 것이리라. 에릭슨은 이어서 그런 무의식은 의식과 유리되어 독자적으로 활동하는 동시에 대단히 창조적인 능력을 갖고 있다고 주장했다. 그래서 앞에서 본 것처럼 무의식은 의식보다 훨씬 더 지혜롭다고 말한 것이다.

　이런 주장은 심층심리학에서만 발견되는 것이 아니다. 이보다 훨씬 더 심오한 생각이 종교(그리고 신비주의)에서 발견된다. 고등 종교들은, 그 가운데에서도 특히 신비주의를 신봉하는 선지자들은 한결같이 우리의 의식 가장 밑바닥에는 가장 순수한 의식이 있다고 주장했다. 이 의식은 종교 전통에 따라 저마다 다르게 불렸는데 가장 대표적인 것을 보면, '우주의식'이라든가 '진아True Self', '(절대) 신성Godhead', '일심One Mind' 등이 그것이다.

　여기서 주의할 일은 심층심리학자들이 주장하는 우리의 무의식과 신비주의자들이 주장하는 순수의식을 동일시해서는 안 된다는 것이다. 예를 들어 간혹 학자 중에는 융 심리학에서 말하는 자아Selbst가 불교에서 말하는 진아True Self나 여래장如來藏(불성의 다른 표현), 혹은 힌두교에서 말하는 아트만과 같은 것이라고 주장하는 사람들이 있는데 이것은 어불성설이다.

　우리가 아는 한 서양의 심리학자들 가운데 동양 종교에서 말하는 궁극의 경지를 제대로 파악한 사람은 없다. 그럴 수밖에 없는 것이 서양의 심리학은 비교적 과학적인 영역(이원론의 영역)에서 이루어지는 학문이고 동양 종교는 초과학의 영역(불이론의 영역)에서 이루어지는 학문이다. 이것은 서양의 학문이 열등하다고 주장하는 것이 아니다. 다만 그들은 동양 종교와 다른 영역의 일을 말하고 있음을 이르는 것이다. 굳이 그 층의 차이를 말한다면, 앞(6장)에서 말한 것처럼 서양 심리학이 다루는 부분은 인간의 무의식 층에서 상위 부분을 다룬다면 동양 종교가 설하는 부분은 가장 근저를 다룬다고 할 수 있을 게다.

　그러나 예외가 없을 수 없다. 서양 학자 가운데 동양 종교를 완전하게 섭렵한 사람이 있는데 그가 바로 통합심리학의 세계적인 대가인 켄 윌버이다. 윌버는 서양의 심리학에 달통했을 뿐만 아니라 그것을 동양 종교의 이론에 접목해 거대한 사상 체계를 만들었다. 그는 서양의 심리학이 말하는 수많은 층의 무의식을 꿰뚫고 우리 의식의 가장 근저에 있는 순수의식을 정확히 파악했고 그것을 아주 적절하게 묘사했다. 그의 묘사는 그 어떤 동양 종교의 경전에 나오는 설명보다 뛰어나다. 윌버는 모든 것의 근본이 되는 이 순수의식을 '기본 형상Form'이라 부르고 그것을 이렇게 묘사했다.

> 그러한 '형상'은 '원초적 패턴' 혹은 '1차적 주형Primary Mold'을 의미하는 용어인 실제적인 원형이다. 하위적인 모든 빛이 그것의 희미한 그림자에 지나지 않은 참 빛Light이 있고, 하위적인 모든 환희가 그것의 빈혈기 있는 복사Copies에 지나지 않는 지복Bliss이 있고, 하위적인 모든 인지가 단지 그것의 반사일 뿐인 궁극의 '의식Consciousness'이 있고, 더 하위적인 소리가 그것의 얄팍한 메아리일 뿐인 원초적인 소리Sound가 있다. 이것들이 진정한 원형이다[Ken Wilber, A Brief History of Everything(Shambhala, 1996), p. 217].

우리의 의식은 이처럼 깊고 깊다. 윌버가 여기에서 말하는 '참 빛'이나 '지복', '원초적인 소리'는 모두 우리의 궁극적인 의식에서 나온다. 이 궁극적인 의식은 하도 깊어 보통의 우리는 그 깊이를 측정할 수가 없다. 그렇기 때문에 우리는 앞에서 본 빙산을 비유로 들어 우리의 의식과 무의식을 나타낸 그림에 대해 의문을 제기하지 않을 수 없다.

이 그림에서 우리의 무의식은 의식의 8~9배 정도밖에는 되지 않았다.

내 개인적인 생각으로는 이 정도의 용량이라면 개인적 무의식을 담기에도 부족할 지경이다. 그러니 융이 설한 집단무의식을 저장하려는 생각은 아예 처음부터 하지 말아야 한다. 프로이트가 말한 개인무의식과 융이 주장한 집단무의식은 그 용량 면에서 비교가 되지 않기 때문이다. 프로이트가 말한 무의식은 개인에게만 한정되어 있는 반면 융이 주장한 집단무의식은 인류가 공유하고 있는 무의식이니 그 크기를 비교할 수 없는 것이다.

게다가 집단무의식에는 원형을 비롯해 온갖 상징들이 저장되어 있으니 얼마나 많은 정보가 있는지 모른다. 그런 셀 수 없는 정보를 담고 있는 무의식이 이렇게 작은 규모로 그칠 수 없는 일이다. 우리의 무의식은 이렇듯 수많은 층으로 이루어져 있는데 빙산으로 그린 무의식 그림에서는 그런 층을 나눌 만한 공간이 턱없이 부족하다.

이런 약점 말고 이 빙산 그림이 갖고 있는 치명적인 오류는 다른 데에 있다. 우리는 앞에서 우리의 무의식으로 깊이 들어갈수록 개아성이 약해진다고 했다. 그래서 윌버가 말한 순수의식까지 가면 더는 개아성을 찾을 길이 없다. 불교나 힌두교에서 말하는 궁극 경지인 범아일여 梵我一如의 상태가 된 것이다. 그런데 빙산으로 그린 무의식 그림은 그것이 얼음이니만큼 명확하게 안과 밖이 구분되어 있다. 나와 내가 아닌 것이 확실하게 나누어져 있는 것이다. 이것은 확실한 오류이다. 무의식의 심층으로 더 들어갈수록 그런 명확한 구분이 흐려지기 때문에 그런 그림이 나올 수 없다. 따라서 이 그림은 수정되어야 한다. 만일 수정되어야 한다면 어떻게 다시 그려야 할까? 다음 장에서 이 문제를 본격적으로 다루어보자.

10

빙산 형태로 그린 무의식 그림은 대폭 바뀌어야

영원을 다시 생각하며

앞 장에서 본 것처럼 인간의 의식과 무의식을 바다에 떠 있는 빙산에 비유한 그림이 적절하지 않다면 이 그림을 어떻게 바꿀 수 있을까? 새로운 그림에서 나타나야 하는 결정적인 변화는 일단 이 무의식의 영역이 이전과는 비교도 안 되게 크게 바뀌어야 한다는 것이다. 특히 밑으로 내려갈수록 커져야 하는데 이 밑부분이 얼마나 커야 하는지 가늠이 잘 서지 않는다. 그 깊은 심연을 끝까지 들어가 본 사람은 극소수이기 때문이다. 거칠게 말해서 깨친 사람이 아니면 이 깊은 곳을 볼 수 없으니 극소수라 하는 것이다. 그러나 이 깊고 깊은 곳에 대해 굳이 말한다면, 이 영역(?)은 인간 무의식의 뿌리라고 할 수 있는데 여기서 우리 인간은 모두가 하나로 되어 있다고 할 수 있다. 그걸 두고 '우주의식'이니 '순수의식'이니 하는 것이다.

　이 사정을 염두에 두고 천천히 우리의 무의식 안으로 들어가 보면 한 가지 특성을 알 수 있다. 앞에서 누누이 말한 대로 무의식 밑으로 더 내려갈수록 우리의 개아성이 약해진다는 것이 그것이다. 이렇게 계속해서 개아성이 약해지다가 완전히 사라지면서 도달하는* 영역이 우주의식이라는 것이다. 이것과 만날 때 우리는 궁극적인 종교 체험을 하게 된다.

이 체험을 두고 불교에서는 깨달음을 얻었다고 하고 기독교 같은 유신론적인 종교에서는 신과 하나가 되었다고 한다. 그리고 힌두교에서 말하는 '아트만(개아)이 브라만(신)이다'의 경지도 이와 같을 것이다. 이것을 그림으로 그려 설명해보려고 하는데 이 일은 결코 쉽지 않다. 이 장대하고 복잡한 무의식의 세계를 2차원적인 평면에 그리는 일이 쉬울 리 없다. 게다가 종교학이나 의식심리학 등의 분야에서 지금까지 이런 시도는 없었던 터라 선행 연구에서 참고할 만한 것이 없는 것도 우리의 어려움을 배가시킨다.

그러한 사정을 감안하고 이 어려운 일을 시도해보자. 우선 비유를 들 때 빙산보다는 섬이 낫다. 빙산은 물 아래 있는 부분이 한정되어 있기 때문인데 우리의 무의식은 그 경계를 알 수 없을 정도로 광활하니 빙산처럼 작은 물질에 국한하는 것은 좋지 않은 것이다. 빙산에 비해 섬은 수면 밑부분이 얼마든지 확장될 수 있어 좋다. 이 때문에 윌리엄 제임스도 우리의 의식을 섬에 빗대곤 했다. 그러나 섬도 아주 좋은 비유는 아니다. 섬도 빙산 같은 물질이라 상호투과성이 없기 때문이다. 반면 우리의 의식은 물질이 아니

---

* 여기서 '도달'이라는 단어를 썼지만 정확히 말해서 이 영역은 영역이라고 해서도 안 되고 도달이라는 단어를 써서도 안 된다. 이유는 간단하다. 이 영역은 어디 다른 곳에 있는 것이 아니기 때문이다. 이 영역은 항상 바로 이곳이기 때문에 도달할 필요가 없다. 그냥 그곳(절대 영역)이 이곳임을 확인만 하면 된다.

기 때문에 상호 배타적이지 않아 서로 섞이거나 중첩될 수 있는 여지가 많다. 그런 한계를 염두에 두고 우리의 무의식을 그림으로 그려보자. 우리의 의식과 무의식을 이런 식으로 그린 것은 과문한 탓인지 몰라도 다른 문헌에서는 아직 보지 못했다.

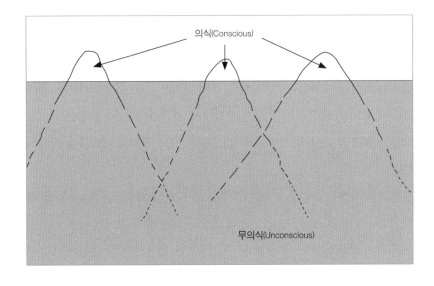

우선 이 그림에서 우리의 의식이 밑에서 하나가 된다는 것은 의미하는 바가 크다. 그것은 우리가 모두 개별적으로 존재하는 것 같지만 가장 밑에 있는 무의식에서는 하나라는 것을 뜻하기 때문이다. 우리의 의식이 모두 이 큰(?) 하나의 의식에서 나온 것이라는 것은 불교를 비롯한 수많은 종교나 신비주의 전통에서 익히 주장하던 바이다. 이렇게 우리는 항상 그 하나의 의식과 연결되어 있다(사실 연결이라는 말도 어폐가 있다. 우리의 의식과 그 큰 의식은 하나일 뿐이라 연결되고 말고 할 게 없다). 이 궁극의식을 '우주의식'

이라 부르든 '일심'이라 부르든 그것은 관계없다.

이렇게 우리 의식의 밑동은 하나로 되어 있기 때문에 우리는 사실 하나다. 자신이 의식하지 못하고 있을 뿐이지 우리가 이 하나의 궁극의식과 떨어져 있던 적은 단 1초도 없기 때문이다. 아니, 떨어져 있다는 말 자체가 어불성설이다. 우리는 그 의식에서 절대로 분리될 수 없기 때문이다. 왜 분리될 수 없다는 것일까? 이 하나의 의식은 전체라 그것의 밖으로 나가는 일이 가능하지 않기 때문이다.

전체라는 것이 무엇인가? 만일 전체가 있다고 상정해놓고 어떤 요소가 그 바깥으로 나갈 수 있다고 주장한다면 그것은 전체일 수 없다. 전체의 바깥으로 나갈 수 있다는 것은 그것보다 더 큰 것이 존재한다는 것인데 전체는 자신보다 더 큰 것이 있을 수 없다. 오직 전체는 전체로서만 존재할 뿐이다. 이 전체를 두고 『장자』는 아주 적절한 표현을 하고 있다. 『장자』를 보면 세상에서 가장 큰 것, 즉 전체는 자신을 자신 속에만 넣을 수 있다는 식으로 표현했다. 만일 전체가 다른 어떤 것에 들어갈 수 있다면 이 어떤 것은 전체보다 더 큰 것이 되니 앞의 전체는 진정한 전체가 될 수 없다. 장자는 이것을 단 네 글자로 표현했다. 지대무외至大無外, 즉 가장 큰 것은 밖이 없다는 것이 그것이다.

신비주의 사상가들에 따르면 이 하나의 의식이 바로 이 전체에 해당한다. 그런데 이 의식은 전체이기 때문에 시작이나 끝이 있을 수 없다. 만일 시간적으로나 공간적으로 시작이나 끝이 있으면 그것은 부분이지 전체일 수 없다. 이 전체에는 '시작과 끝'과 같은 모든 이원론적인 논리가 적용되지 않는다.

독자들은 이러한 사고가 쉽게 이해되지 않을 수 있다. 그 이유는 자명하다. 우리는 모든 것을 상대적으로만 보는 이원론적인 세계에 살고 있기 때문이다. 우리가 사는 이 세계에서는 어떤 사물에 대해 말할 때 무엇보다 더 많다거나 더 적다거나 하는 식으로 항상 비교해서 생각을 하고 그렇게 말을 한다. 이 세계는 유한의 세계라 그럴 수밖에 없다. 그래서 이 유한의 세계에서는 시작한 것은 반드시 끝나게 되어 있고 앞이 있는 것은 반드시 뒤가 있게 마련이다. 여기에는 어떠한 예외도 없다.

이게 바로 이원론의 세계이다. 이 세계에서는 전체나 무한, 영원, 영생과 같은 궁극적인 개념이 있을 수 없다(그런데 역설적으로 이 세계가 아니면 이러한 궁극적 개념을 만날 데도 없다!). 무한이나 영원은 이원론의 세계를 벗어나야만 만날 수 있기 때문이다.

이 궁극적인 세계에 적용되는 논리는 전통적인 용어로 불이론不二論, Non-dualism*이라고 하는데, 초超이원론Trans-Dualism이라고 해도 괜찮다. 종교에서 말하는 영생이나 깨달음은 바로 이 영역에서만 가능하다. 사실 이곳을 말할 때 영역이라고 하면 안 된다. 영역이라고 하면 특정한 지역으로 한정되기 때문이다.

독자들의 이해를 돕기 위해 한 가지 예를 들어보자. 종교인 가운데에는 영생을 잘못 이해하는 사람들이 더러 있다(더러 있는 게 아니라 대부분이 오해하고 있다). 그들은 영생을 우리가 죽은 뒤 천당이나 극락에 가서 영원히

---

* 더 전문적으로 정확히 말하면, 이 초월적인 세계는 불이론적 이원론Non-dualistic dualism의 세계라 할 수 있다. 불이론적 이원론이란 불이론이면서도 이원론을 포함하는 의미에서 그냥 불이론이라고 하는 것보다 포괄적인 용어라 할 수 있다.

사는 것이라고 생각한다. 그러나 이것은 진정한 의미의 영생이 아니다. 왜일까? 그들이 이해한 영생은 시작이 있다. 그들의 말로 하면 그들의 영생은 이 물질계가 아니라 영혼으로 존재하는 영계로 들어가면서 시작이 되기 때문이다. 그런데 앞서 말한 대로 어떤 사건에 시작이 있다면 그것과 더불어 반드시 끝이 있게 된다. 따라서 그들이 영계에서 사는 삶은 끝이 없을 수 없다. 만일 끝이 있다면 그것은 영생이 될 수 없다. 이처럼 자명한 이치를 사람들은 잘 모른다.

사람들이 생각하는 영생은 단지 시간의 연장에 지나지 않는다. 사람들은 시간을 계속 연장하면 영원이 될 것이라고 생각하는데 이것은 명백한 오류이다. 시간은 아무리 길어도 유한할 뿐 영원이 될 수 없다. 이런 생각은 우리가 생각하는 시간관을 보면 알 수 있다. 보통의 우리는 '영원'의 반대말을 순간으로 생각하는 경우가 많다. 순간은 짧고 영원은 길다고 생각해서 그렇게 생각할 터이지만 사실 순간과 영원은 동의어이다. 영원의 반대말은 순간이 아니라 시간이다. 영원은 무한을 뜻하고 시간을 유한을 뜻하기 때문이다. 마찬가지로 무한은 전체를 뜻하고 유한은 부분을 뜻한다 (그래서 부분은 그것들을 아무리 더해도 전체는 되지 못한다). 이 정도면 전체나 영원에 대한 이해가 어느 정도는 됐으리라고 믿는다. 이 이해를 가지고 앞에서 본 무의식 그림을 더 설명해보자.

11

우리의 궁극의식을 어떻게 설명할 수 있을까?

심 층 의식에 대 한 보 다 더 정 확 한 설 명 을 위 해

앞 장에서 말한 소위 전체라는 것에 대한 생각을 이해하려면 많은 학습을 거쳐 생각의 대★전환이 있어야 한다.* 학습에는 경전과 같은 서책을 가지고 공부하는 것도 있지만 몸으로 직접 수도하는 것이 반드시 포함된다. 아니, 가부좌를 틀고 화두를 드는 참선 명상과 같이 직접 수도를 하는 일이 더 중요할지 모른다. 서책으로 공부하는 것은 머리에만 그칠 수 있기 때문이다.

수도를 하는 이유는 바로 일상의 이원론적인 사고에서 초월적인 불이론적인 쪽으로 발상을 전환하기 위해서이다. 그런데 우리의 사고는 너무나

---

* 많은 학습을 한다고 반드시 인식의 대전환이 일어나는 것은 아니다. 그렇다고 가만히 있다고 해서 인식의 전환이 일어나는 것은 더더욱 아니다. 많은 학습(수행도 포함)과 인식의 대전환은 필연적인 인과관계가 있는 것은 아니지만 그렇다고 인과관계가 없다고 할 수도 없다.

도 강하게 이원론적인 세계에 젖어 있어 그것을 청산하는 일이 매우 힘들다. 본격적인 수행을 할 때 사람들은 보통 엄청난 고행을 하게 되는 경우가 많다. 아니, 고행이 수반되지 않는 수행은 없다고 해도 과언이 아니다. 고행까지는 아니더라도 엄청난 극기나 자제가 필요한 것이 수행이다. 그것은 왜일까? 그런 고행 없이는 우리의 인식구조가 좀처럼 바뀌지 않기 때문이다. 물론 고행을 한다고 그 사람의 인식구조가 바뀌는 것도 아니지만, 어떤 연구에 의하면 우리가 이미 형성된 인식구조를 바꿀 때는 많은 고통이 따른다고 한다.

쉬운 용어로 해서 종교적인 구원은 시간이나 유한과 같이 이원론적 세계에서 영원이나 무한 같은 불이론적인 세계로 들어가는 것이다. 좀 더 정확하게 말하면 어디에서 어디로 들어가는 것이 아니라 이원론적인 인식구조를 불이론적인 인식 구조로 바꾸는 것이라 할 수 있다. 그래서 이 책에서 영원이니 무한이니 하는 종교적인 용어에 대해 이렇게 장황하게 설명한 것인데, 우리 의식 가운데 가장 심층에 있는 의식이 바로 이러한 불이론적인 개념에 부합된다. 이 궁극의식은 모든 의식의 근저를 이루고 있는데* 한 번도 '없어져 본' 적이, 혹은 '없던' 적이 없다. 아니, 항상 있다고 표현하는 게 더 맞을지 모른다.

이렇게 말할 수 있는 이유는 간단하다. 이 궁극의식은 전체이기 때문이

---

* 사실 이 표현도 맞지 않는다. 이 궁극의식이 모든 의식의 근저를 이루고 있다는 말은 자칫하면 이 궁극의식과 다른 의식이 존재하는 것으로 이해될 수 있기 때문이다. 그러나 이 궁극의식 이외에 어떤 의식도 존재할 수 없다는 의미에서 이 궁극의식은 유일하게 존재하는 의식이라 할 수 있다.

다. 생성됐다가 소멸되는 것은 전체일 수 없다. 무한인 전체는 다른 어떤 것으로부터도 생성될 수 없다. 생성된다는 것은 시간 속에서만 이루어지는 일인데 전체는 무한이니 시간 안으로 들어갈 수 없다. 우리의 궁극의식은 이 같은 논리에서 항상 존재하고 있다고 해야 한다. 따라서 이 궁극의식은 소멸되는 것일 수도 없다.

이런 맥락에서 보면 선불교에서 행해지는 뚱딴지같은 문답을 이해할 수 있다. 선불교에서는 스승이 제자를 처음 맞을 때 이런 질문을 하는 경우가 드물지 않게 있다. 즉 '어디서 왔는가?'가 그것이다. 이것은 물리적인 출발지를 묻는 게 아니고 '존재의 근본 자리를 아느냐'를 묻는 것이다. 다시 말해 '이 궁극의식을 인식하고 있느냐'는 질문인 것이다. 이런 질문에 가령 '서울에서 왔다'는 식으로 대답하면 그런 사람은 산문山門에 발을 디디지 못할 것이다. 인식적인 문제를 물어봤는데 물리적인 입장에서 답을 했으니 영 초점이 맞지 않은 것이다. 이런 기본적인 것에 대해서 무지하다면 깨닫겠다고 시작하는 것 자체가 무리이니 그냥 산을 내려가는 게 좋다는 것이다.

그럼 어떻게 대답해야 산문에 남을 수 있을까? 이때 가장 많이 나오는 모범답안(?)은 '일찍이 (어디로) 간 적이 없는데 (어디서) 어떻게 오겠습니까?'이다. 이 대답이 말하고자 하는 바는 이 궁극적인 초의식은 전체이기 때문에 생성이나 소멸, 이동 등의 이원론적인 상대적인 개념으로는 파악할 수 없다는 것이다. 이 초의식은 항상 있기 때문에 어디로 갈 것도 없고 그 당연한 결과로 어디에서 올 수도 없는 것이다. 다시 말해 전체로서 항상 지금 여기에 있는 것이다.

이런 생각을 배후에 놓고 앞에서 본 섬 그림에 대해 이야기해보자. 이

II. 초일상 속 자아발견 실험

그림에서 우선 수정하고 싶은 것은 이 섬들이 바다에 떠 있다는 생각이다. 나는 이 섬 사이에는 바다보다 짙은 연기나 안개가 잔뜩 끼어 있다고 말하고 싶다. 그래서 여간해서는 무의식을 볼 수 없게끔 되어 있다. 바다는 맑으면 깊은 속까지 보일 수 있다. 하지만 우리의 무의식은 잘 볼 수 없기 때문에 섬 사이에는 연기나 안개가 끼어 있다고 하는 게 낫겠다는 생각이다. 그렇다면 이 그림에서 우리의 전체의식을 굳이 섬으로 상정할 것 없이 산에 비유해도 되겠다는 생각도 든다. 뜻만 정확히 전달된다면 비유야 어떻든 관계없을 것이다.

우리의 무의식은 그리 쉽게 볼 수 있는 영역이 아니다. 우리가 어느 정도라도 감지할 수 있는 무의식은 개인적 무의식에서 의식에 가까운 쪽에 있는 무의식이다. 그런데 이 부분은 차지하는 영역도 그리 크지 않을 것이다. 융 심리학의 입장에서 보면 그림자Shadow 정도가 해당된다고 할 수 있겠다. 개인적 무의식이라도 조금만 깊어지면 알기 힘들어진다. 그리고 이런 무의식이 꿈에 부분적으로 표현되더라도 평소에 익숙하지 않은 상징을 통해서만 나오기 때문에 그 본의를 파악하기 힘들다.

이 그림에서 그다음으로 특이한 것은 무의식으로 들어가면서 실선으로 되어 있는 선이 점선으로 바뀐다는 것이다. 이것은 개아성이 약해지는 것을 의미한다. 앞에서 누누이 이야기했듯이 우리는 더 깊은 무의식으로 들어갈수록 '나'라고 느끼는 의식의 강도가 약해진다. 사실 꿈 정도의 수준만 내려가도 '나'라는 의식이 달라지거나 흐려지는 것을 흔히 목도할 수 있지 않은가?

그런데 이 점선은 밑으로 들어갈수록 더 촘촘한 선으로 바뀌는데 이것은 더욱더 개아성이 줄어드는 것을 뜻한다. 실선으로 표현된 것이 강한 개아성을 의미한다면 그것이 끊어지기 시작해 더 잘게 끊어질수록 개아성이 더 약해지는 것을 나타낸다고 할 수 있다. 그러다 아주 밑으로 가면 선 자체가 없어지는 것으로 표현했는데, 이것은 개아성이 완전히 소멸된 것을 뜻한다.

그런데 이 그림을 보면 세 섬의 무의식들이 일정한 지점에서 만나는 것을 알 수 있다. 점선들이 서로 겹치기 시작하는 부분이 그것이다. 이것은 추측할 수 있는 것처럼 무의식이 깊어질수록 개아성이 사라져 (서로가) 상입相入되어가는 것을 뜻한다. 개인적 무의식을 넘어 인류의 집단적 무의식의 영역으로 들어가게 되면 사람들은 이 지점부터 상통하게 되는 것이다.

그렇지만 이런 만남이 모든 사람에게 일률적으로 똑같은 수준에서 일어난다고 할 수는 없을 것이다. 우리는 모두 다른 개인적인 경험을 갖고 있고 다른 문화를 지닌 여러 나라에서 태어나고 성장했기 때문이다. 다시 말해 우리는 개인적 차원과 문화적 차원에서 상당히 다른 경험을 갖고 있기 때문에 무의식의 영역 역시 그에 따라 복잡한 양상을 띨 수밖에 없을 것이다.

생각하건대 우리 의식의 진짜 모습은 이것보다 훨씬 더 복잡해 이것을 2차원적인 평면에 그리는 일은 애당초 불가능한 일일지 모른다. 특히 그 넓이나 깊이를 표현할 수 있는 길이 없다. 앞에서 누누이 설했듯이 우리의 전체의식은 그 광활한 궤적을 알 수 없다. 그러니 그것을 2차원적인 작은 그림으로 그리는 것은 애당초 그른 것 아닐까? 우리의 무의식은 그 깊이를 알 수 없는데 어떻게 이 협소한 그림으로 그 심연을 표현할 수 있겠는가?

그런 한계를 염두에 두고 이 단순한 그림을 가지고 간단하게 설명해보면, 가운데 있는 섬은 양쪽에 있는 섬과 물속에서 만나는 지점이 조금 다른 것을 알 수 있다. 왼쪽 섬과는 상당히 깊은 데에서 만나고 있는 것에 비해 오른쪽 섬과는 그보다 위쪽에서 만나고 있는 것이다. 이것은 각 개인들이 여러 가지 요인으로 인해 무의식에서 서로 만나는 지점이 다르기 때문에 생긴 현상이다. 이렇게 보면 이 의식 지도는 개인 대 개인으로만 그릴 수 있지 인류 전체의 의식 지도는 그릴 수 없다는 결론이 나온다. 사람마다 다 다르고 어떤 사람을 만나느냐에 따라 무의식 세계가 다르게 전개되니 그럴 수밖에 없다. 예를 들어 같은 문화권에 속한 사람과는 집단적 무의식이 서로 만나는 지점이 비교적 상부에 있을 수 있지만, 다른 문화권 사람과는 이 지점이 상당히 달라질 수 있을 것이다.

이렇듯 무의식 지도를 그리는 것은 어려운 일인데 여기에 초의식까지 가세하면 인간 의식 지도는 상상할 수 없을 정도로 복잡해진다. 이때 드는 의문은 무의식과 초의식의 관계에 대한 것이다. 그냥 통상적으로 인식하는 것처럼 우리 의식은 가장 밑바닥에 무의식이 있고 그다음에는 의식이 있고 그 위에는 초의식이 있는 것일까? 이렇게 선형적Linear으로 파악해도 되는 것일까? 일단 드는 생각은 그렇지는 않을 것이라는 것이다. 그렇다면 과연 어떤 그림이 가능할까? 아니, 그림으로 그리는 일이 가능한가부터 물어보아야 하는 것은 아닐까? 여러 가지 의문이 드는데 그 자세한 것은 다음 장에서 보아야 하겠다.

11. 우리의 궁극의식을 어떻게 설명할 수 있을까?

초의식은 무의식이다!

이번에 초점을 맞출 의식은 초의식이다. 초의식은 단어만 보면 의식을 넘어서 있는 의식처럼 느껴진다. 그래서 우리의 의식 위에 존재하는 것처럼 보일 수 있다. 그러나 우리의 의식 위에는 다른 어떤 것도 없다. 초의식은 저 위에 있는 것이 아니라 우리의 무의식으로 들어가면 만날 수 있다. 계속 들어가서 마지막 지점까지 가면 궁극의 의식과 만나게 되는데 이것이 초의식의 정점인 것이다.

이에 대해 힌두교의 우파니샤드* 전통에서는 이렇게 설명했다. 이 전통에 따르면 우리의 의식 상태는 넷으로 구분된다. 가장 위에 있는 의식은 평소 각성상태에 있을 때 지니는 의식이다. 이것은 자아의식이 강하게 있

....

* 「우파니샤드Upanisad」는 인도 사상의 원천을 이루는 문헌으로 『베다véda』의 말미에 있다. 성립 연대는 기원전 500년 전후로 추정되는데 불교 철학이 형성되는 데에 지대한 영향을 미쳤다.

는 상태이다. 두 번째 상태는 꿈을 꾸면서 잠자는 상태이다. 여기서부터 자아의식이 약해지기 시작하지만 꿈을 꾸는 상태이기 때문에 여전히 자아의식이 꽤 남아 있다.

세 번째 상태는 꿈을 꾸지 않고 자는 상태이다. 꿈마저 꾸지 않으니 자아의식이 잠정적으로 사라진 상태라 할 수 있다. 꿈을 꾸지 않는다는 것은 생각 작용이 그친 것을 말한다. 생각은 자아가 만들어내는 것이니 생각이 그쳤다는 것은 자아의 활동이 그쳤다는 것을 의미한다(생각이 그친 상태가 있는지는 잘 모르겠다). 그런데 이 상태는 잠정적이라 언제든지 자아가 생각을 다시 시작할 수 있다.

우파니샤드는 여기서 그치지 않고 이 세 가지 상태를 초월한 궁극의 의식 상태가 존재한다고 주장했다. 이것을 보통 "뚜(투)리야"라고 부르는데, 뚜리야는 '네 번째' 혹은 '넷'을 뜻하는 말이라 하니 다른 특별한 의미는 없다. 이 상태는 그야말로 자아의식이 완전히 끊긴 상태라 어떤 생각도 일어나지 않는다. 따라서 그저 비어 있다고 하는 것이 낫겠다.

그리고 이 상태는 잠정적인 것이 아니기 때문에 항존恒存한다고 할 수 있다. 그런데 만일 이 상태에서 다시 자아의식이 깨어나 생각이 일어난다면 그것은 이 상태에 이른 것이 아니다. 이 상태는 언어로 지칭하기가 힘든데, 굳이 언어를 써서 표현해본다면 우리는 이 상태를 순수의식이라고도 부를 수 있고 의식 그 자체라고 할 수도 있을 것이다.

여기서 주의해야 할 것이 있다. 이 네 번째 의식 상태는 사실은 상태가 아니라는 것이다. 상태라는 것은 속성상 언제든지 변할 수 있는 잠정적인 것을 말한다. 따라서 네 번째 의식이 만일 일종의 상태에 머물러 있는 것이라면 이 상태는 불변한다고 할 수 없다. 이 의식은 앞의 세 의식을 초월해 있는데, 그래서 앞의 세 의식과는 불연속적이다. 이것을 달리 말하면 우리의 의식이 첫 번째, 두 번째, 세 번째 의식 상태를 거쳐 네 번째 의식 '상태'에 도달하는 것이 아니라는 것이다.

이 네 번째 의식은 앞의 세 의식과는 완전히 다르다는 의미에서 초월해 있다는 것인데, 동시에 앞의 세 의식이 출현할 수 있는 근저가 되기도 한다. 그러니까 앞의 세 의식 상태는 모두 이 네 번째 의식에서 비롯된다고 할 수 있다. 그런데 이 궁극의 의식이 다른 세 의식을 완전히 초월해 있으면서 동시에 그것들의 근본을 이룬다고 하니 이 두 표현이 모순처럼 들릴 수 있겠다.

이렇게 표현할 수밖에 없는 이유가 있다. 인간의 언어로는 우리가 일상적으로 사는 이원론적인 세계를 묘사하는 것만 가능하지 초이원론적인 세계는 표현할 수 없기 때문이다. 이러한 사정을 가장 잘 표현한 구절은 '도를 도라고 말하면 이미 도가 아니'라는 『도덕경』의 첫 문장일 것이다. 도가 어떻다고 언어로 말하는 것은 무한한 것을 유한한 세계로 끌어내리는 것이기 때문에 그러한 도는 무한한 존재가 아니게 된다. 말을 하는 순간 그것은 이원론의 세계로 들어가는 것이라 이렇게 되면 궁극적인 존재가 설자리가 없어진다.

어떻든 여기가 바로 우리 무의식의 끝인데 이 같은 설명은 매우 심오해 보통 일상적인 각성상태에서만 사는 우리 같은 범부들은 이해하기 힘들다. 이것을 한참 전에 든 섬과 바다의 예를 가지고 보면 개아성을 상징하는 섬이 사라지는 것이다. 그리고 남는 것은 바다밖에 없게 된다. 전체와 하나가 된 것이다. 사실 진정한 초월 세계는 여기서 시작된다. 여기서 굳이 한 단계를 더 상정한다면 바다성Sea-ness도 사라지는 단계를 생각할 수 있다. 그 단계를 달리 표현하면 공의 세계라 할 수도 있다. 이때 말하는 공은 체험도, 의식도, 아무것도 없는 시원적 공이다. 이처럼 초월적인 세계는 학자마다 종교가마다 조금씩 다르게 표현하고 있다. 어떻게 분류하느냐에 따라 단계의 수는 일정하지 않다. 따라서 그 단계의 숫자가 얼마나 되느냐는 것은 그다지 중요하지 않다. 티베트 불교에서는 이 단계를 근 20개 정도로 나누기도 하는 등 이 세계는 그 깊이와 넓이를 볼 때 우리 보통 사람의 능력으로는 당최 알 길이 없다.

이 무의식 혹은 초의식의 세계가 얼마나 대단한지를 비유로 들어보자. 지금까지 우리 인류가 이 우주에서 실제로 가본 곳은 달이 유일하다. 물론 화성에 인간이 만든 기계를 안착시키기는 했지만 인간 자신이 간 것은 아니다. 그리고 인간이 만든 우주선이 도달한 곳은 이제야 태양계를 아주 조금 벗어난 정도이다. 1977년에 발사된 보이저Voyager 1, 2호가 그 주인공이다. 수십 년 전에 발사해 이제야 태양계를 가까스로 벗어났으니 말이다. 이 두 우주선이 어디까지 갔든 인간이 직접 체험한 것은 아무리 크게 잡아도 이 태양계의 범위를 벗어나지 못한다. 그런데 전체 우주와 비교해보면 이 태양계가 얼마나 보잘것없는가? 지름이 10만 광년이 된다는 우리 은하계도 전체 우주에 비하면 그 존재가 미약하기 짝이 없다. 우리 은하계는 전체 우주 안에 있는 은하계와 비교해보면 명함도 못 내민다. 그래서 우리의 태양계는 그냥 작다고 하기에는 무안할 정도로 작은 우주에 지나지 않는다.

좋은 비교가 될지 모르지만 나는 이 태양계를 우리의 개아 의식에 비유하고 전체 우주를 인간의 무의식 혹은 초의식에 비교하고 싶다. 우리 태양계와 비교해볼 때 전체 우주의 크기가 엄청난 것처럼 우리의 초(무)의식도 엄청나게 광활하다고 말하고 싶다. 그에 비하면 우리의 개아 의식은 극히 작은 편린에 지나지 않는다. 사실 초의식을 물질에 비유해서는 안 되지만 이해를 돕기 위해 이렇게 생각해본 것이다.

그런데 우리 인류가 우주 전체에 대해 모르는 것은 아니다. 이론적으로는 약 137억 년 전에 폭발한 이 우주*가 어떻게 생겼고 어떤 변화 과정을 거쳐 지금의 상태가 되었는지에 대해 우리 인류는 알고 있다. 이것은 우리가 무의식에 대해서 어느 정도 아는 것과 비슷하다. 그런데 우리가 이 우주를 이론적으로만 알고 실제로 체험하지 못했듯이 우리 대부분은 우리 의식의 근간이 되는 초(무)의식의 대해서도 대강의 이론만 알고 그 안에 들어가 실제로 체험하지는 못했다.

우리 보통 사람들은 기껏해야 비행기를 타고 10km 근방에 있는 대기권만 체험할 수 있다. 산소가 희박한 성층권에 갈 수 있는 사람은 우주선을 타기 위해 고도의 훈련을 받은 사람들뿐이다. 우리 대부분은 그저 지상과 그곳에서 얼마 떨어지지 않은 곳 사이만 왔다 갔다 할 뿐이다. 우리가 우리의 전체의식을 체험할 때도 꼭 그렇다. 우리가 왔다 갔다 하면서 체험할 수 있는 의식의 수준은 평상시의 각성의식과 그보다 조금 내려간 전의식, 그

---

* 우리 우주가 빅뱅부터 시작되었다는 이론에 대해서는 현재 많은 이론異論이 있지만 —반박 이론 가운데 창조론은 제외한다— 여기서는 빅뱅 이론을 따른다. 빅뱅 이론을 반박하는 이론들도 빅뱅 이론을 부정하는 것이 아니라 보충하고 있기 때문에 빅뱅 이론을 받아들여도 문제없다.

II. 초일상 속 자아발견 실험

리고 아주 낮은 단계의 개인적 무의식뿐이다. 이보다 더 밑으로는 가지 못한다. 우리가 아무리 비행기를 타고 하늘을 날아보아야 성층권에도 가지 못하듯이 말이다.

따라서 대부분의 우리에게 초(무)의식에 대해 자꾸 이야기하는 것은 무의미할 수 있다. 도무지 체험할 수 없는데 아무리 이야기해봐야 실감이 나지 않기 때문이다. 이것은 흡사 우리는 이 지구 위에서 사는 것도 버거운데 자꾸 다른 은하계를 이야기를 하고 우주의 시원에 대해 이야기하는 것과 같지 않을까? 그러나 우리가 지구에 붙어살면서도 우주의 광활함을 생각하면 우리의 사고를 확장할 수 있듯이, 일상의식 세계에 갇혀 무의식이나 초의식 세계를 접하기 어려워도 이런 엄청나게 광활한 (전체)의식 세계가 있다는 것을 잊지는 말자. 그리고 시간과 여유가 허락하는 대로 우리의 근원인 우리의 의식에 대해 공부하자.

무의식을 체험할 수 있는 길에 대해 다시 총정리하기

꿈, 신화, 영화, 그리고 최면에 대해

이렇게 해서 우리의 무의식(혹은 초의식)이 얼마나 장대한지를 보았지만 보통 사람인 우리는 이 무의식을 체험하는 일이 쉽지 않다. 앞에서 나는 우리가 무의식을 체험할 수 있는 방법으로 두 가지를 제시했다. 꿈을 분석하는 것과 신화를 재체험하는 것이 그것인데, 여기에 영화나 최면도 포함시킬 수 있다. 이때 영화란 순전한 의미에서 신화라고 할 수는 없지만 신화적인 면이 다분히 있어 여기에 포함시킨 것이다. 내가 보기에 우리가 보는 영화 중 일부는 신화로 생각해도 무방할 정도로 신화적인 면을 많이 갖고 있다. 우리는 그런 영화를 보면서 우리의 내부에 있는 심층 의식을 재체험하는 것이다.

이 가운데 꿈을 먼저 보면, 꿈은 매일 꾸고 있어 접근성이 아주 뛰어나다. 일상적인 것이기 때문이다. 그런데 문제는 꿈을 분석하는 것이 결코 쉽지 않다는 데에 있다. 꿈의 분석은 전문적인 훈련을 꽤 오랫동안 받지 않으면 가능하지 않은 것이 가장 큰 약점이다. 꿈을 분석하는 과정을 보면 일반인들이 생각하는 것보다 훨씬 힘들다. 이 훈련이 얼마나 고된가 하면, 예를 들어 꿈 분석하는 것을 매우 중요한 치료로 생각하는 융 심리학 계통의 정신과 의사 후보생들은 자신의 꿈을 분석하는 데에만 수백 시간을 들인다. 이들은 아예 침상 옆에 공책을 놓고 잔다. 자다가도 꿈을 꾸면 일어나서 적어야 하기 때문이다. 다 적으면 다시 잠을 자야 하니 이 과정이 어찌 쉽겠는가? 잠을 설칠 수도 있고 꿈을 꾸면 일어나 적어야 한다는 강박감에 시달릴 수도 있다. 그러니 잠의 질이 좋지 않을 수 있다. 따라서 이 작업은 일반인들이 따라 하기에 힘들 수밖에 없다.

그런데 그렇게 꿈을 적어놓는다고 해서 문제가 해결되는 것도 아니다. 그 꿈을 해석해야 하기 때문이다. 꿈의 해석은 앞서 누누이 말한 대로 상당히 전문적인 훈련과 지식을 필요로 한다. 자신의 꿈이든 다른 사람의 꿈이든 분석을 하려면 전문가로부터 수백 시간 지도를 받아야 한다. 따라서 이 작업을 제대로 하려면 뛰어난 지력도 있어야 하지만 시간적인 여유도 있어야 하고 경제적인 조건도 맞아야 한다. 그런데 이렇게 훈련을 한다고 해서 반드시 꿈을 잘 해석하는 전문가가 되는 것도 아니다. 꿈의 분석을 통해 다른 사람을 잘 이해할 수 있으려면 이 이상의 영적인 능력이 필요하다. 사정이 이렇기 때문에 우리 주위에서 진정한 꿈 전문가를 만나기 힘든 것이리라.

게다가 항간에 떠도는 잘못된 민간의 해몽법 역시 꿈에 대한 올바른 이해를 막을 수 있다. 우리 주위에는 꿈을 두고 꿈은 현실과 반대로 나온다느니 꿈에 똥을 보면 재수가 좋다느니 하는 오래된 속설들이 있는데 이것들은 대부분 근거가 없다. 이런 해석은 안 하느니만 못한 경우가 많다. 이처럼 꿈에 대해 일반적으로 알려진 해석 가운데 가장 잘못된 것이 있으니, 독자들의 올바른 해몽을 위해 그것을 언급했으면 한다. 그것은 꿈에 나오는 인물에 대해 내리는 사람들의 해석이다. 사람들은 자신의 꿈에 나오는 인물에 대해 대체 어떤 잘못된 해석을 내리는 걸까?

우리의 꿈에는 많은 주위 인물이 등장하는데 우리는 대부분 그 인물이 실제로 등장했다고 생각한다. 예를 들어 꿈에 친구가 나왔다면 그 친구가 진짜로 내 꿈에 등장했다고 믿는 것이다. 그런 경우 그 친구는 '네 꿈에 내가 나왔으니 출연료 줘'라고 한 술 더 뜬 농담을 한다. 그러나 대부분의 경우 꿈에 나오는 인물은 자기의 또 다른 모습일 뿐이다. 이것은 상식적으로 생각해보아도 알 수 있는 일 아닐까? 꿈이란 순전히 자신의 의식이 만들어내는 것인데 거기에 다른 사람이 등장하는 것은 이상한 일 아니겠는가? 물론 실제로 그 당사자가 직접 영향을 주어 그가 나타나는 경우가 전혀 없는 것은 아니다. 그러나 이런 경우는 아주 드물게 일어난다. 이런 유형의 꿈을 잘 꾸는 사람으로는 샤먼적인 기질이 강한 사람을 들 수 있는데, 이런 성향이 별로 없는 사람에게는 이런 꿈이 거의 발생하지 않는다.

우리가 꿈에서 만나는 타인들은 그 사람이 실제로 나타난 게 아니라 그 사람으로 상징되는 자기의 이미지가 그 사람으로 변신해서 나오는 것이다. 이것은 당연한 것 아닐까? 자신이 만든 꿈이니 그곳에 나오는 인물들이 모두 자기가 되는 것은 당연하다는 것이다. 그래서 꿈을 해석할 때에 그 시점에서 과연 그 인물이 내게 의미하는 바가 무엇일까에 대해 생각해보아야 한다. 그렇지 않고 그 당사자에게 연락해 '왜 내 꿈에 나왔느냐, 아무 일도 없느냐'고 물으면 그 당사자는 뜬금없어할 것이 틀림없다.

내가 본론에서 든 예이지만 나는 '한국문화중심'(이하 '중심')이라는 문화공간을 열면서 꿈을 꿨는데 그것은 돌연 몇 년 전에 세상을 뜬 아버지가 길 위에 부상을 당한 채로 쓰러져 있는 꿈이었다. 그래서 그때 꿈을 꾸면서도 '아니, 돌아가신 아버지가 어찌 살아 있을까?' 했던 기억이 난다. 이런 경우 보통 사람들은 돌아가신 아버지 묏자리를 잘못 써서 이 양반이 저승에서 무엇인가 잘못된 것 아니냐고 생각하기 쉽다. 더 찜찜하면 무당을 찾아가 상담을 받기도 한다. 그러면 무당들은 대부분 아버지 묏자리를 잘못 써서 아버지의 영이 저승에서 고생하고 있으니 이장해야 된다고 충고한다. 이 정도까지 오면 갈 데까지 다 간 것이다. 이런 걸 보고 미신이라고 하는 것이다.

이 꿈을 해석하는 방법은 이 아버지가 나에게 상징하는 것을 찾아내는 것이다. 이 경우에는 한국이라는 특수한 상황도 있다. 한국은 주지하다시피 전형적인 유교 국가이다. 유교에서 가장 중요한 것은 아버지다. 따라서 꿈에 아버지가 나왔다는 것은 나에게 가장 중요한 사건이 생겼다는 것을 뜻한다. 물론 그것은 '중심'이라는 문화공간을 연 사건이다. 그런데 다친 채로 아버지가 나온 것은 이 '중심'의 상태를 의미한다. 즉 '중심'의 앞날이 그리 밝지 않다는 것을 뜻한다. 실제로 한 2년 동안 그런 상태로 '중심'이 흘러갔다. 이 사건에 대해서는 본론에서 설명했으니 이 정도로 마치자.

이 예에서도 알 수 있지만 꿈을 해석할 때 가장 중요한 것은 맥락이다. 그러니까 본인이 그 꿈을 꿀 때 어떤 상태 혹은 맥락에 있는지를 알아야 한다. 그래서 내가 다른 사람의 꿈을 해석할 기회가 있으면 나는 항상 그에게 그즈음에 일어난 사건들에 대해 물어본다. 그 꿈은 그 사건들과 관계되기 때문이다. 어떤 사람에게 중요한 일이 있고 본인의 무의식이 그 사건에 대해 알려주고 싶은 게 있으면 반드시 꿈에 그 사건과 관련된 정보가 나온다. 따라서 이 정보를 잘 분석하면 많은 사실을 알 수 있을 뿐만 아니라 일이 잘못되는 것을 미연에 막을 수도 있다.

꿈에서는 내용들이 은유나 상징으로 많이 나오기 때문에 이것을 알아내기 위해서는 고도의 기술이 필요하다. 따라서 이 작업은 많은 훈련을 거쳐야 하기 때문에 이러한 훈련을 받지 않은 사람은 결코 할 수 없다고 했다. 게다가 사람들은 이런 꿈을 꾸어도 그냥 지나치기 십상이다. 그래서 우리는 꿈을 가지고 자신의 발전을 위해 활용할 수 있는 기회를 잃어버린다. 이런 까닭에 안타깝게도 꿈은 우리 대부분에게 우리의 마음을 업데이트할 수 있는 좋은 소재가 되지 못할 것 같다.

우리가 무의식을 체험할 수 있는 방법 중 하나로 나는 앞에서 신화를 재체험하는 방법이 있다고 했다. 신화가 바로 우리의 무의식을 나타내기 때문이다. 전근대 사회에서는 여러 가지 방법을 통해 사람들에게 신화를 체험하게 해주었다. 아이들에게 들려주는 이야기를 통해, 또 많은 제의에서 행해지는 가무를 통해 신화는 사람들의 마음속에서 그들의 무의식을 경험할 수 있게 해주었다. 이렇게 함으로써 그들은 무의식과 대화를 했고, 그들의 마음이 지나치게 의식중심적으로 흘러가는 것을 막고 무의식과 조화를 이루게 해주었다.

그러면 신화가 담고 있는 이야기는 무의식 안의 어떤 이야기일까? 이에 대해 나는 융 심리학을 인용해 신화는 바로 우리의 표층 자아가 가장 내밀한 곳에 있는 진아를 찾아가는 과정을 담은 이야기라고 했다. 예를 들어 독일의 고전 문학 가운데 최고봉으로 꼽히는 「니벨룽겐의 노래」도 부분적으로 그런 예에 속한다고 할 수 있다. 이 이야기의 주인공인 지크프리트 왕자가 공주인 크림힐트를 만나 결혼하게 되는 것이 그 대강의 줄거리인데, 그 과정이 그리 쉽게 흘러가지 않는 것을 주목해야 한다. 공주를 만나러 가는 과정에서 보물을 지키는 용을 격퇴해야 하는 등 순탄하게 공주를 만나 결혼한 것이 아니기 때문이다.

이 이야기를 융의 이론으로 풀면 왕자는 표층 자아Ego이고 공주는 심층 자기Self라고 할 수 있다. 자아는 자기를 만나 하나가 되어야 하기 때문에 어떤 어려움도 감수해야 한다. 앞의 신화에서는 지크프리트 왕자가 용과 싸우는데, 이 용은 우리의 무의식에 있는 크나큰 부정적인 힘이라 할 수 있다. 이 신화는 우리가 그런 어려운 난관을 겪어야만 참된 자기에 이를 수 있다고 말해주는 것이다. 이 점을 명료하게 밝힌 책이 바로 칼 융의 사도라 불리는 조지프 캠벨이 쓴 『신화의 힘』이다. 이 주제와 관련해 더 상세한 것을 알고 싶은 사람에게 이 책을 꼭 추천하고 싶다.

그런데 이런 이야기를 만나기 위해 멀리 갈 것도 없다. 우리나라 젊은이들 사이에 십수 년 전에 큰 인기를 누렸던 「마법의 성」('더 클래식'의 노래)이라는 대중가요도 바로 같은 이야기를 담고 있다. 이 노래 가사를 보면 공주는 어둠 속 동굴에 갇혀 있는 것으로 나오는데 이것은 우리의 참 자기가 무의식이라는 아주 어두운 세계에 갇혀 있는 것을 보여준다고 하겠다. 그리고 노래의 주인공은 그런 상태에 있는 공주를 구하러 가기 위해 자신에게 지혜와 용기를 달라고 빈다. 이것은 그 주인공이 공주를 구하러 가는 그 길이 얼마나 힘든지 알고 있다는 것을 말해준다. 공주를 구하기 위해서는 보통 때에는 없었던 지혜나 용기가 필요하다는 것을 알고 있는 것이다.

이처럼 우리의 무의식과 신화(혹은 신화에 가까운 이야기들)는 같은 것을 이야기하고 있는데, 이것을 진즉에 눈치챈 사람은 잘 알려진 것처럼 분석 심리학을 창시한 칼 융과 세계적인 종교학자이면서 신화학자인 미르체아 엘리아데이다. 그들의 전공에서 알 수 있는 것처럼 한 사람은 인간 무의식 연구의 세계적인 대가였고 또 한 사람은 종교 신화나 상징에 관한 한 세계적인 권위였다. 소문에 따르면 이 두 사람이 말년에 미국의 캘리포니아 해변에 있는 빅서Big Sur라는 곳에 소재한 '에설런Esalen' 연구소에서 만났다고 한다.

이 연구소는 인간의 의식 연구는 물론이고 인간의 본성에 입각해 진정한 사회를 만들기 위해 수백 차례의 워크숍을 주도해왔다. 이 워크숍에 초청된 사람들을 보면 그 면모가 극히 화려하다. 영국의 전설적인 역사학자 아널드 토인비를 비롯해 인본주의 심리학의 태두인 에이브러햄 매슬로, 20세기 최고의 신학자였던 파울 틸리히 등등 면면이 세계 최고들이었다.

여기에서 융과 엘리아데가 만났던 모양이다. 그들은 자신의 전공에 대해 이야기를 나누던 중 그만 깜짝 놀라고 말았다. 자신들의 전공이 확연히 다르거늘 서로 같은 이야기를 하고 있는 것을 발견했기 때문이다. 앞에서 말한 것처럼 한 사람은 인간의 내면을 연구했고 다른 한 사람은 그저 이야기일 뿐이라고도 볼 수 있는 신화에 대해 연구했는데 이 두 이야기가 사실은 같은 것을 말하고 있다는 것을 발견한 것이다.

우리 시대에는 전근대 사회에 살았던 인류들이 지니고 있던 신화가 없어졌다. 그러나 인간은 신화가 없이는 살 수 없다. 무의식 혹은 초의식은 우리 의식의 뿌리를 이루고 있기 때문이다. 우리가 건강하게 살려면 그 뿌리와의 연계를 놓쳐서는 안 된다. 따라서 인간들은 어떤 방법으로든 무의식과 연결될 수 있는 방법을 만들어냈다. 앞에서 나는 현대에서 신화의 역할을 하는 것은 영화라고 했다. 현대인들은 고대의 신화들을 다시금 영화로 만들어 자신들의 무의식 혹은 초의식과 접속을 시도하고 있는 것이다.

그래서 영화를 본다거나 노래를 부르는 것이 그냥 오락처럼 보일 수 있지만 사실은 인간이면 누구나 갖고 있는 자아실현의 욕망이 발현되는 작업이라 할 수 있다. 이런 세속적인 일을 통해 우리는 무의식적으로나마 자신의 심층 자아에 가까이 가려고 노력하는 것이다. 우리에게는 이제 바리데기 공주 이야기도 없고 지크프리트 왕자 이야기도 없다. 이런 이야기가 없는 현대 사회에서 우리 인류에게 가장 인기 있는 오락 장르가 영화가 된 것은 결코 우연이 아닐 것이다. 영화는 아마도 계층에 관계없이 가장 대중적으로 사랑받는 예술 장르일 터인데, 그렇게 된 데에는 이런 심층심리적인 요인이 있었던 것이다.

물론 모든 영화가 우리의 무의식을 다루는 그런 신화성이 농후한 것은 아니지만 많은 영화가 이런 내용을 담고 있다. 사실은 그런 예가 너무 많아다 거론할 수 없을 지경인데, 내 생각에 큰 성공을 거두었던 영화 중에 〈매트릭스〉나 〈아바타〉, 〈인셉션〉 등은 모두 인간의 무의식을 다루는 것으로 보인다. 〈인셉션〉이야 대놓고 인간의 무의식을 다루는데, 앞의 두 영화는 실제적으로는 가상공간을 다루는 것으로 나오지만 결국에는 우리의 무의식에 대한 이야기를 하고 있는 것이다.

우리는 이런 영화를 보면서 자신도 모르게 자신의 깊은 내면을 잠정적으로나마 체험하게 된다. 의식의 깊은 곳을 경험하는 것은 범인인 우리들에게는 매우 어려운 일이다. 우리는 지크프리트나 바리데기 공주 같은 영웅이 아니기 때문이다. 그렇다고 해서 자기의 근본 자리로 돌아가려는 갈망을 외면할 수도 없다. 이것은 인간이라면 반드시 해야 하는 일이기 때문이다.

그래서 우리는 영화라는 현대적인 매체를 만들어 집단적으로 자신의 내면으로 들어가고 있는 것처럼 보인다. 원래 이 길은 혼자 가야 하는 길이지만 그것은 너무도 힘든 일이다. 그래서 우리는 바깥 세계에 이정표가 될 만한 '이야기(영화)'를 만들어놓고 전부가 같이 길을 떠나는 것이다. 이런 면에서 본다면 영화를 보는 일은 낮은 수준에서 심적인 수련을 하는 것이라고 말할 수도 있겠다. 이런 영화들이 여전히 많은 사람들의 많은 사랑과 주목을 받고 있는 것은 이처럼 우리 인간의 원형적인 이야기를 담고 있기 때문일 것이다.

그런데 이렇게 가는 길은 본인들이 거의 의식하지 못한 채로 진행되기 때문에 그다지 효과가 없다. 자신이 의식 상태에서 또렷이 무의식을 체험하는 것이 아니라 다른 매체를 통해 하는 간접적인 체험이라 효능이 떨어지는 것이다. 게다가 영화를 보는 일은 여럿이 무리 지어 체험하는 경우가 많으니 개별적인 효과가 더더욱 나오기 힘들다.

그래서 영화 같은 이야기를 통해 가는 길은 무의식을 '무의식적으로' 의식하는 길이라 할 수 있지 않을까 싶다. 무의식이라는 의식에 알려지지 않

무의식을 체험할 수 있는 길에 대해 다시 총정리하기

는 영역을 무의식적으로 가니 아무래도 무의식을 실감하는 정도가 약할 수밖에 없을 것이다. 이 무의식을 의식적으로 혹은 우리가 주도해서 체험할 수 있는 방법이 있다. 이 길은 혼자 가는 것이 아니라 전문가와 같이 가야 한다. 이 길이 무엇일까? '최면'이 바로 그것이다.

나는 기회가 있을 때마다 최면은 보통 사람인 우리가 무의식을 접하고 체험할 수 있는 가장 쉬운 방법이라고 했다. 게다가 꿈 분석처럼 전문적인 훈련이 필요 없고, 신화 체험처럼 무의식을 간접적으로 체험하는 것이 아니라 직접적으로 체험하는 것이니 그 효능이 뛰어나다. 최면에서는 자신의 무의식을 직접 체험해 자신의 의식 세계를 확연하게 넓힐 수 있는데, 실제로 들이는 노력에 비하면 그 효과가 매우 좋다고 할 수 있다. 노력 대비 효과 만점이라는 것이다. 최면법에서 필요한 것은 좋은 최면전문가를 만나는 일이다. 그런 사람이 흔하지 않아서 문제이지만 만일 그런 사람을 만나 같이 공부한다면 자신의 무의식에 관해 놀라운 사실을 알게 될 것이다. 그렇게만 된다면 여러분들은 이번 생에서 큰 성과를 얻을 수 있다.

세상에 태어나서 반드시 해야 하는 일이 있다면 그것은 자기 자신과 인간, 그리고 자연(우주)을 공부하는 일이다. 이 책이나 앞 책(『무의식에서 나를 찾다』)에서 제시하는 것은 모두 이와 관계된 것들이다. 부디 이런 공부를 통해 이번 생에 태어나 고생스럽게 삶을 산 보답을 받기를 바라는 마음으로 이 책을 끝내야겠다.

최 준 식

서강대학교에서 역사학을 전공하고 미국 템플대학교 대학원에서 종교학 박사학위를 받았다. 1992년부터 이화여자대학교 한국학과 교수로 있으면서 한국학과 종교학, 그리고 죽음학을 연구했다. 종교적인 주제 가운데에서는 인간의 의식에 가장 큰 관심을 갖고 무의식과 초의식trans-consciousness에 집중해 연구하고 있다. 수년 전부터 인간의식연구센터를 세워 인간의 죽음이나 무의식, 초의식, 전생, 최면 등과 같은 주제에 대해 연구하고 가르치고 있다.

이 주제에 관해 쓴 책으로는 『종교를 넘어선 종교』, 『죽음, 또 하나의 세계』, 『죽음의 미래』, 『전생 이야기』, 『너무 늦기 전에 들어야 할 죽음학 강의』, 『무의식에서 나를 찾다』, 『길은 없지만 가야 할 길 — 최준식 교수, 구루이기를 거부한 유지 크리슈나무르티를 설하다』, 『외계지성체의 방문과 인류 종말의 문제에 관하여』(공저) 등이 있다.

한울아카데미 1839

무의식 연구의 새로운 지평

일상과 초일상을 아우르는 자아발견 프로젝트

ⓒ 최준식, 2015

지은이 | 최준식
펴낸이 | 김종수
펴낸곳 | 도서출판 한울
편집책임 | 이교혜

초판 1쇄 인쇄 | 2015년 10월 15일
초판 1쇄 발행 | 2015년 10월 30일

주소 | 10881 경기도 파주시 광인사길 153 한울시소빌딩 3층
전화 | 031-955-0655
팩스 | 031-955-0656
홈페이지 | www.hanulbooks.co.kr
등록 | 제406-2003-000051호

Printed in Korea.
ISBN 978-89-460-5839-2 03180 (양장)
      978-89-460-6076-0 03180 (반양장)

* 책값은 겉표지에 표시되어 있습니다.